★ 유쾌 발랄 4컷 만화 ➔ 표현력·어휘력·독해력 국어 3력 키우기 ★

배우는
초등필수
맞춤법

하유정 감수
초등국어연구소 지음
유희수 그림

카시오페아
Cassiopeia

감수자의 말

놀이하듯 즐겁고 재미있게 익히는 초등 필수 맞춤법

시대가 많이 변해 어른들뿐만 아니라 어린이들도 연필 대신 손가락으로 키패드를 눌러 말을 주고받는 일이 잦아졌습니다. 직접 얼굴을 마주하며 말을 전하기보다 글로 생각을 전하는 경우가 많다 보니 글의 쓰임이 날로 커지고 있는 것은 참 아이러니합니다. 책이나 편지와는 한참 멀어져 있는 것처럼 보이는 요즘 어린이들이지만 실제로는 많은 글을 주고받고 있는 것이죠.

"선생님, 맞춤법 틀려도 대충 알아들을 수 있잖아요! 왜 이렇게 까다롭게 맞춤법을 공부해야 하는지 모르겠어요."

국어 시간, 맞춤법 수업을 듣던 한 학생이 저에게 한 말입니다. 과연 맞춤법을 틀려도 대충 알아들을 수 있을까요? 물론 대충 알아들을 만한 말도 있겠지요. 우리가 '말'로 의사를 전달할 때는 손짓, 발짓, 눈빛, 표정이 도와서 맞춤법을 틀려도 무슨 말인지 쉽게 알아들을 수 있거든요.

하지만 글은 잘못 쓰면 엉뚱한 뜻으로 읽힐 수 있습니다. 한글을 이제 갓 읽고 쓰는 수준을 한참 넘어선 학생에게 맞춤법에 어긋난 말을 사용해도 대충 알아들을 수 있다고 눈감아 주는 현실은 못내 불편합니다. 틀린 맞춤법은 고쳐지지 않은 채 계속 우리 아이들의 언어 생활을 지배하게 될 테니까요.

"허리를 곧게 펴고 반듯이[반드시] 앉으세요."

수업 중에 바른 자세로 앉아 있지 않은 학생에게 선생님께서 이렇게 말씀하셨다면 '반듯이'든 '반드시'든 학생은 바른 자세로 고쳐 앉겠지요. 하지만 글로 적으면 전달되는 뜻이 달라집니다.

"반듯이 앉으세요." vs "반드시 앉으세요."

맞춤법의 차이가 뜻의 차이로 연결되는 것이 눈에 보이시나요?

맞춤법을 제대로 익히지 않으면 내 생각을 제대로 전달하기 어렵습니다. 특히 요즘 같이 줄임말, 각종 신조어, 인터넷 용어를 일상적으로 사용하다 보면 정확한 맞춤법을 공부하는 일에 소홀하게 되기 마련입니다. 저도 빠르고 편하게 적기 위한 축약어와 구어체에 익숙해지면서 가끔 올바른 맞춤법이 헷갈릴 때가 있어요. 그럴 때면 가슴이 덜컥하며 긴장하게 됩니다.

혹시 맞춤법이 틀려 누군가에게 지적받은 경험이 있나요? 맞춤법을 틀리면 가슴 한구석에서 이상한 감정이 몽글몽글 솟습니다. 다른 사람이 알아챌까 봐 부끄러운 감정이 들기도 하고, 얼굴이 붉어지며 맞춤법을 지적한 사람에게 화가 나기도 합니다.

실수는 누구나 할 수 있는데도 맞춤법을 틀렸을 때 유독 이런 감정이 드는 이유가 무엇일까요? 그건 맞춤법이 공부의 기본 중의 기본인 '어휘력'과 연결되어 있기 때문입니다. 기본을 다지는 데에 게을리하는 친구는 어려운 공부를 계속 잘해나갈 수 없겠죠. 그래서 많은 책에서 맞춤법과 어휘력 공부가 중요하다고 강조하는 거랍니다.

공부의 시작이기도 하지만, 내가 하고 싶은 말을 정확히 주고받기 위해서도 맞춤법 공부는 반드시 필요합니다. 그런 의미에서 『놀면서 배우는 초등 필수 맞춤법』은 초등 친구들이 맞춤법을 배우고 익히기에 참으로 유익한 책입니다. 초등 1~6학년 교과서에 나오는 어휘 중 어린이들이 반드시 알아야 할 100개의 교과 연계 맞춤법을 한 권에 모아 학습할 수 있도록 도와주니까요.

맞춤법이라는 딱딱하고 어려운 국어 문법을 귀엽고 엉뚱한 캐릭터들의 대화를 통해 가볍게 읽으며 이해하도록 풀어 가는 방법이 인상적입니다. 맞춤법을 암기하며 학습하기보다 일상생활 속에서 어떻게 활용되는지를 살펴보며 직접 적용해 보도록 친절히 안내하고 있는 활동도 그렇고요. 제시하는 단어에서 머물지 않고 유의어와 반의어로 어휘 수준을 확장시키는 것도 이 책의 큰 장점입니다. 맞춤법의 용법과 활용을 익히고 나면 배운 단어가 신문 기사, 편지, 대화글, 안내문 등의 다양한 형태의 글에서 어떻게 사용되는지도 볼 수 있어 독해력 향상에도 큰 도움이 됩니다.

잘못된 맞춤법에 익숙해져 어떤 낱말이 옳고 어떤 낱말이 잘못된 말인지 헷갈리나요? 저는 우리 친구들이 이 책의 도움을 받아 맞춤법에 대한 부담감을 내려놓고 그동안 잘못 사용했던 낱말은 무엇인지, 새롭게 알게 된 맞춤법은 무엇인지 하나씩 알아가는 시간을 가져 보았으면 합니다. 초등 시기는 우리말의 기초를 탄탄히 다져야 할 중요한 때이니까요.

『놀면서 배우는 초등 필수 맞춤법』을 덮을 즈음에는 어떤 친구라도 맞춤법에 자신 있고 당당해지기를 진심으로 기대합니다. 새로운 배움은 즐거움 속에 숨어 있습니다. 지금부터 재미있고 즐겁게 맞춤법 공부를 시작해 보세요!

– 하유정(초등 교사, 유튜브 '어디든학교' 운영)

시작하기 전에 이것만은 꼭!

- 가급적 아이와 '함께' 이 책을 활용해 주세요. 그러면 아이는 주 양육자와의 공부 시간을 즐거운 추억으로 기억할 수 있게 됩니다.

- 시간에 쫓기지 마세요. 다만, 공부 시간을 규칙적으로 확보해 주세요. 시간에 쫓기며 하는 것보다는 여유로운 마음으로 해야 공부도 더 잘됩니다.

- 빨리할 때 칭찬하지 말고 열심히 할 때 칭찬해 주세요. 아이가 '빨리'보다는 '열심히'에 강화될 수 있게 해 주세요. 공부의 기초를 다지는 초등 시기에는 신속성보다 정확성이 더 요구됩니다.

- 한 번에 많이 하는 것보다는 꾸준히 오래 하는 것이 훨씬 중요합니다. 조금씩 하되, 꾸준히 오래 하여 끝맺는 습관은 아이의 공부 습관의 토대가 되어 줍니다.

차례

UNIT 01

알쏭달쏭! 비슷해서 헷갈리는 맞춤법

1주

2주

3주

4주

UNIT 02

같은 말 다른 뜻? 까다로운 맞춤법

5주

6주

7주

UNIT 03

실력 쑥쑥! 틀리기 쉬운 맞춤법

함께 맞춤법을 공부할 친구들

뭉식

유자

라미

보리

콩 몽

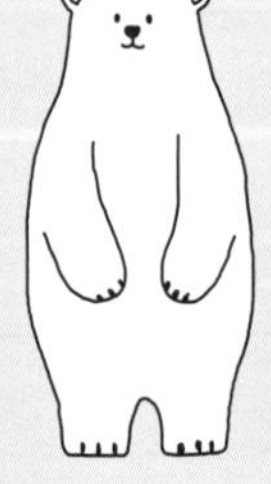

레오

이 책의 활용법

『놀면서 배우는 초등 필수 맞춤법』은 이런 책이에요.

초등학교 1~6학년 교과서에 나오는 필수 맞춤법을 한 권에 모았습니다. 하루에 10분씩, 일주일에 5일, 10주간 100개의 교과 연계 단어를 배우며 국어 공부의 기본인 표현력, 어휘력, 독해력을 기를 수 있습니다.

처음부터 끝까지 흥미를 잃지 않고 재미있게 맞춤법을 배울 수 있는 8단계 학습법!

월요일 가르치다 vs 가리키다

'가르치다'는 아는 사람이 모르는 사람에게 지식이나 기술 같은 것을 알려 줄 때 써요. '가리키다'는 방향이나 대상을 집어서 말할 때, 어떤 사람이나 대상을 특별히 집어서 설명할 때 쓰여요.

유자 오늘 구구단 쪽지 시험 100점 받았대!
음~ 유자 웬일이야?
흠, 내가 유자 구구단 가리키느라 애 좀 썼지!
와, 라미가 가르쳐 준 거였어? 대단해!
잠깐! 그런데 라미가 구구단을 가리킨 거야?, 가르친 거야?
지식을 알려 주는 경우에는 '가르치다', 어떤 방향을 꼭 집어 말하는 경우에는 '가리키다'라고 해.
내가 유자를 가리킨 거 아니야?
라미가 나를 가르쳐 준 건가?
아, 그러니까 라미는 유자에게 구구단을 가르친 거네!

16

1단계
교과서에 나오는 주제어를 눈으로 익힙니다.

2단계
이 단어는 언제 어떻게 쓰일까요? 교과서 어휘의 사전적 의미를 알아봅니다.

3단계
유쾌 발랄! 뭉식이와 친구들이 등장하는 재미있는 만화를 보면서 바른 표현, 틀린 표현을 익히고 일상에서 어떻게 쓰이는지 알아봅니다.

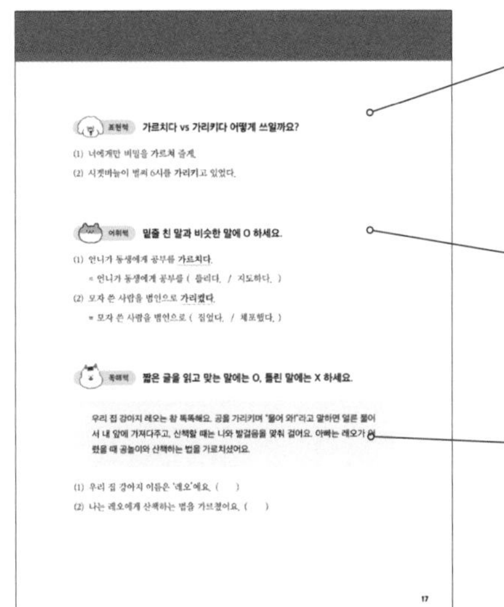
표현력 가르치다 vs 가리키다 어떻게 쓰일까요?

(1) 너에게만 비밀을 가르쳐 줄게.
(2) 시곗바늘이 벌써 6시를 가리키고 있었다.

어휘력 밑줄 친 말과 비슷한 말에 O 하세요.

(1) 언니가 동생에게 공부를 가르치다.
= 언니가 동생에게 공부를 (틀리다. / 지도하다.)
(2) 모자 쓴 사람을 범인으로 가리켰다.
= 모자 쓴 사람을 범인으로 (집었다. / 체포했다.)

독해력 짧은 글을 읽고 맞는 말에는 O, 틀린 말에는 X 하세요.

우리 집 강아지 레오는 참 똑똑해요. 공을 가리키며 "물어 와!"라고 말하면 얼른 물어서 내 앞에 가져다주고, 산책할 때는 나와 발걸음을 맞춰 걸어요. 아빠는 레오가 어렸을 때 공놀이와 산책하는 법을 가르치셨어요.

(1) 우리 집 강아지 이름은 '레오'예요. ( )
(2) 나는 레오에게 산책하는 법을 가르쳤어요. ( )

17

4단계
배운 단어가 문장에서 어떻게 활용되는지 읽으면서 표현력을 키웁니다.

5단계
틀린 표현 찾기, 비슷한 말과 반대말 찾기, 이어질 표현 줄로 잇기 등 간단한 문제를 풀며 어휘력을 넓힙니다.

6단계
짧은 글을 읽고 질문에 답하며 독해력을 향상시킵니다. 신문 기사, 편지, 레시피, 안내문, 대화문 등 다양한 형식의 글을 접할 수 있습니다.

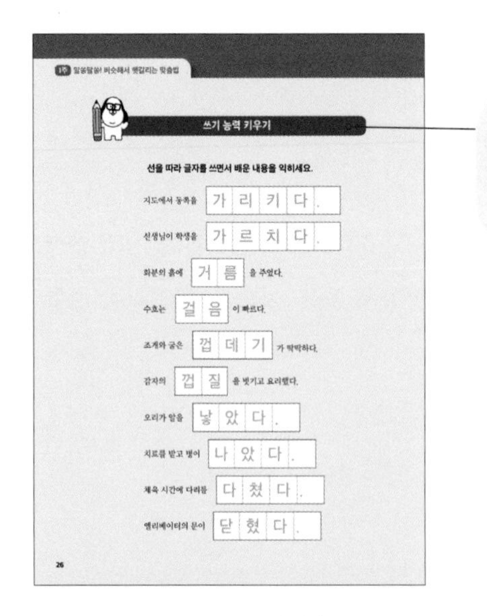
1주 알쏭달쏭! 비슷해서 헷갈리는 맞춤법

쓰기 능력 키우기

선을 따라 글자를 쓰면서 배운 내용을 익히세요.

지도에서 동쪽을 가리키다.

선생님이 학생을 가르치다.

화분의 흙에 거름을 주었다.

수호는 걸음이 빠르다.

조개와 굴은 껍데기가 딱딱하다.

감자의 껍질을 벗기고 요리했다.

오리가 알을 낳았다.

치료를 받고 병이 나았다.

체육 시간에 다리를 다쳤다.

엘리베이터의 문이 닫혔다.

26

7단계

일주일 동안 배운 단어를 직접 따라 쓰면서 완벽히 내 것으로 만듭니다.

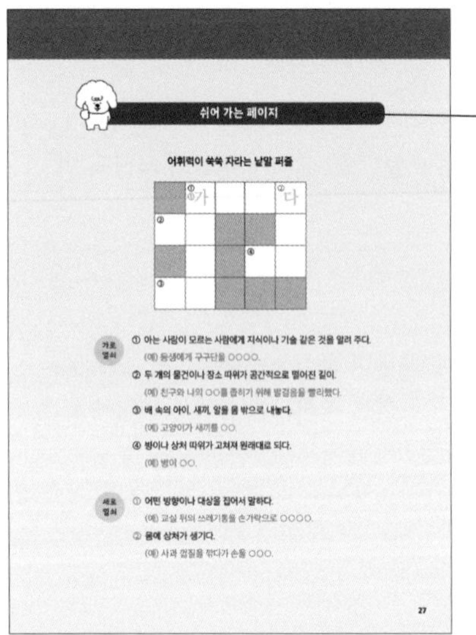
쉬어 가는 페이지

어휘력이 쑥쑥 자라는 낱말 퍼즐

가로 열쇠

① 아는 사람이 모르는 사람에게 지식이나 기술 같은 것을 알려 주다.
(예) 동생에게 구구단을 ○○○○.

② 두 개의 물건이나 장소 따위가 공간적으로 떨어진 길이.
(예) 친구와 나의 ○○를 좁히기 위해 발걸음을 빨리했다.

③ 배 속의 아이, 새끼, 알을 몸 밖으로 내놓다.
(예) 고양이가 새끼를 ○○.

④ 병이나 상처 따위가 고쳐져 원래대로 되다.
(예) 병이 ○○.

세로 열쇠

① 어떤 방향이나 대상을 집어서 말하다.
(예) 교실 뒤의 쓰레기통을 손가락으로 ○○○○.

② 몸에 상처가 생기다.
(예) 사과 껍질을 깎다가 손을 ○○○.

27

8단계

가로세로 낱말 퍼즐, 미로 찾기, 초성 퀴즈 등 재미있는 놀이를 통해 배운 내용을 한 번 더 복습합니다.

보너스 부록

QR 코드를 스캔해 이 책의 답안지를 다운로드 받으세요.

최고 멋쟁이 ____________(이)의
한 권 끝 계획표

- 총 50일, 이 책을 공부하는 동안 아이가 사용하는 한 권 끝 계획표입니다. 하루 10분, 날마다 적당한 분량을 공부할 수 있도록 2쪽으로 구성했습니다.

- 한 권 끝 계획표를 사용하기 전, 가장 먼저 상단 제목 빈칸에 아이가 직접 자신의 이름을 쓰도록 지도해 주세요. 책임감을 기르고 자기 주도 학습의 출발점이 됩니다.

- 아이가 한 권 끝 계획표를 야무지게 활용할 수 있도록 다음과 같이 지도해 주세요.
  ❶ 공부를 시작하기 전, 한 권 끝 계획표에 공부 날짜와 쪽수를 씁니다.
  ❷ 공부 날짜와 쪽수를 쓴 다음, 공부 내용을 스스로 확인합니다.
  ❸ 책장을 넘겨서 신나고 즐겁게 그날의 내용을 공부합니다.
  ❹ 공부를 마친 후, 다시 한 권 끝 계획표를 펼쳐 공부 확인에 표시합니다.

- 한 권 끝 계획표의 공부 확인에는 공부를 잘 마친 아이가 느낄 수 있는 감정을 그림으로 담았습니다. 그날의 공부를 마친 아이가 ★(신남), ♥(설렘), ☺(기쁨)을 살펴보고 표시하면서 성취감을 느낄 수 있도록 많이 격려하고 칭찬해 주세요.

UNIT 01

알쏭달쏭! 비슷해서 헷갈리는 맞춤법

1주	공부 날짜	공부 내용	쪽수	공부 확인
월요일	월 일	가르치다 vs 가리키다	쪽	
화요일	월 일	거름 vs 걸음	쪽	
수요일	월 일	껍데기 vs 껍질	쪽	
목요일	월 일	낳다 vs 낫다	쪽	
금요일	월 일	닫히다 vs 다치다	쪽	

2주	공부 날짜	공부 내용	쪽수	공부 확인
월요일	월 일	들리다 vs 들르다	쪽	
화요일	월 일	떠올리다 vs 떠오르다	쪽	
수요일	월 일	맞히다 vs 맞추다	쪽	
목요일	월 일	바라다 vs 바래다	쪽	
금요일	월 일	시각 vs 시간	쪽	

3주	공부 날짜	공부 내용	쪽수	공부 확인
월요일	월 일	알갱이 vs 알맹이	쪽	
화요일	월 일	잃어버리다 vs 잊어버리다	쪽	
수요일	월 일	작다 vs 적다	쪽	
목요일	월 일	장사 vs 장수	쪽	
금요일	월 일	장이 vs 쟁이	쪽	

4주	공부 날짜	공부 내용	쪽수	공부 확인
월요일	월 일	적용하다 vs 적응하다	쪽	
화요일	월 일	좇다 vs 쫓다	쪽	
수요일	월 일	주리다 vs 줄이다	쪽	
목요일	월 일	틀리다 vs 다르다	쪽	
금요일	월 일	한참 vs 한창	쪽	

UNIT 02

같은 말 다른 뜻? 까다로운 맞춤법

5주	공부 날짜	공부 내용	쪽수	공부 확인
월요일	월 일	가치 vs 같이	쪽	
화요일	월 일	갔다 vs 같다	쪽	
수요일	월 일	거치다 vs 걷히다	쪽	
목요일	월 일	금새 vs 금세	쪽	
금요일	월 일	깁다 vs 깊다	쪽	

6주	공부 날짜	공부 내용	쪽수	공부 확인
월요일	월 일	느리다 vs 늘이다	쪽	
화요일	월 일	맞다 vs 맡다	쪽	
수요일	월 일	매다 vs 메다	쪽	
목요일	월 일	바치다 vs 받치다	쪽	
금요일	월 일	배다 vs 베다	쪽	

7주	공부 날짜	공부 내용	쪽수	공부 확인
월요일	월 일	속다 vs 솎다	쪽	
화요일	월 일	시키다 vs 식히다	쪽	
수요일	월 일	어떡해 vs 어떻게	쪽	
목요일	월 일	이따가 vs 있다가	쪽	
금요일	월 일	조리다 vs 졸이다	쪽	

UNIT 03

실력 쑥쑥! 틀리기 쉬운 맞춤법

8주	공부 날짜	공부 내용	쪽수	공부 확인
월요일	월 일	깨끗이 vs 깨끗히	쪽	
화요일	월 일	꼽다 vs 꽂다	쪽	
수요일	월 일	담다 vs 담그다	쪽	
목요일	월 일	몇 일 vs 며칠	쪽	
금요일	월 일	반드시 vs 반듯이	쪽	

9주	공부 날짜	공부 내용	쪽수	공부 확인
월요일	월 일	봉오리 vs 봉우리	쪽	
화요일	월 일	부치다 vs 붙이다	쪽	
수요일	월 일	설거지 vs 설겆이	쪽	
목요일	월 일	새배 vs 세배	쪽	
금요일	월 일	숫가락·젓가락 vs 숟가락·젓가락	쪽	

10주	공부 날짜	공부 내용	쪽수	공부 확인
월요일	월 일	왠지 vs 웬지	쪽	
화요일	월 일	이 vs 이빨	쪽	
수요일	월 일	이파리 vs 잎파리	쪽	
목요일	월 일	채 vs 째	쪽	
금요일	월 일	케익 vs 케이크	쪽	

월요일

가르치다 vs 가리키다

'가르치다'는 아는 사람이 모르는 사람에게 지식이나 기술 같은 것을 알려 줄 때 써요. '가리키다'는 방향이나 대상을 집어서 말할 때, 어떤 사람이나 대상을 특별히 집어서 설명할 때 쓰여요.

유자 오늘 구구단 쪽지 시험 100점 받았대!
올~ 유자 웬일이야?

흠, 내가 유자 구구단 가리키느라 애 좀 썼지!
와, 라미가 가르쳐 준 거였어? 대단해!

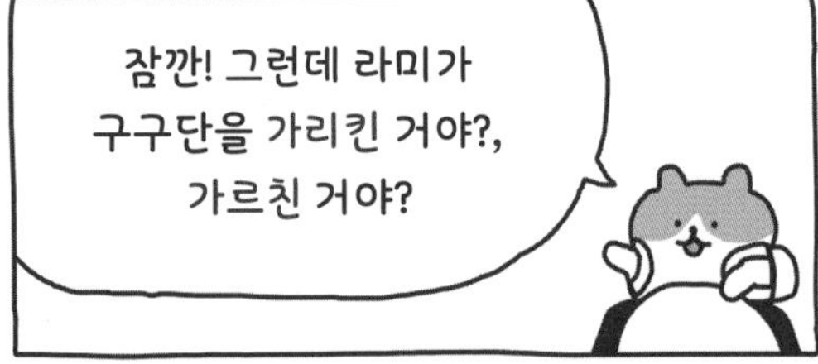
잠깐! 그런데 라미가 구구단을 가리킨 거야?, 가르친 거야?

지식을 알려 주는 경우에는 '가르치다', 어떤 방향을 꼭 집어 말하는 경우에는 '가리키다'라고 해.

내가 유자를 가리킨 거 아니야?

라미가 나를 가르쳐 준 건가?

아, 그러니까 라미는 유자에게 구구단을 가르친 거네!

표현력

가르치다 vs 가리키다 어떻게 쓰일까요?

(1) 너에게만 비밀을 **가르쳐** 줄게.

(2) 시곗바늘이 벌써 6시를 **가리키**고 있었다.

어휘력

밑줄 친 말과 비슷한 말에 O 하세요.

(1) 언니가 동생에게 공부를 가르치다.

= 언니가 동생에게 공부를 (틀리다. / 지도하다.)

(2) 모자 쓴 사람을 범인으로 가리켰다.

= 모자 쓴 사람을 범인으로 (집었다. / 체포했다.)

독해력

짧은 글을 읽고 맞는 말에는 O, 틀린 말에는 X 하세요.

우리 집 강아지 레오는 참 똑똑해요. 공을 가리키며 "물어 와!"라고 말하면 얼른 물어서 내 앞에 가져다주고, 산책할 때는 나와 발걸음을 맞춰 걸어요. 아빠는 레오가 어렸을 때 공놀이와 산책하는 법을 가르치셨어요.

(1) 우리 집 강아지 이름은 '레오'예요. (   )

(2) 나는 레오에게 산책하는 법을 가르쳤어요. (   )

화요일

거름 vs 걸음

'거름'은 식물이 잘 자라도록 땅을 기름지게 만드는 물질을 말해요. '걸음'은 두 발을 번갈아 움직이는 동작을 말하지요.

뭉식아! 같이 가!
너 걸음이 정말 빠르다!
헉
헉

오늘 내가 키우는 토마토 화분에
거름을 주는 날이거든.
그래서 빨리 집에 가야 해.
지금 꽃이 피었으니까
곧 토마토가 열릴 거야!

엥? 걸음을 준다고?
그게 무슨 말이야?

걸음이 아니라, 거름!
식물이 잘 자라도록
흙에 영양분을 준다는 뜻이야.

음식물 쓰레기 말린 걸
거름으로 줄 거야.

윽, 쓰레기를?
나, 나는 먼저 갈게!

표현력 거름 vs 걸음 어떻게 쓰일까요?

(1) 친구가 나보다 두어 **걸음** 앞서 걸었다.

(2) 농부가 밭에 **거름**을 주다.

어휘력 둘 중 알맞은 말에 O 하세요.

(1) (거름 / 걸음)을 뿌렸더니 식물이 튼튼하게 자랐다.

(2) 깜짝 놀라 한 (거름 / 걸음) 물러섰다.

독해력 O 안에 들어갈 말은 무엇일까요?

'천 리 길도 한 ○○부터'라는 속담을 들어 본 적 있니?
천 리는 400킬로미터를 말해. 서울에서 부산까지 거리가 398킬로미터이니까, 천 리는 굉장히 먼 거리이지. 이렇게 먼 길을 가기 위해 가장 먼저 할 일은 무엇일까? 첫걸음을 떼는 것이겠지? 이 속담은 '아무리 큰 일이라도 작은 일부터 시작하는 것이 중요하다.'는 뜻이야.

① 거름 ② 걸음 ③ 모금

수요일

껍데기 vs 껍질

'껍데기'는 달걀이나 조개 같이 말랑말랑한 알맹이의 겉을 싸고 있는 단단한 물질이에요. '껍질'은 물체의 겉을 싸고 있는 단단하지 않은 물질이지요.

이거 봐. 바닷가에서 주운 조개껍데기로 목걸이를 만들었어.

와, 정말 예쁘다!

나도 귤껍질로 인형을 만들어 봤어.

콩이 너랑 꼭 닮은
귀여운 모양이네!

어? 얘들아 그런데 왜 조개는 '껍데기'이고, 귤은 '껍질'이지?

에헴, 그건 내가 잘 알지!

'껍데기'는 알맹이를 싸고 있는 단단한 물질이고, '껍질'은 알맹이를 싸고 있는 단단하지 않은 물질이야.

그래서 겉이 딱딱한 조개나 굴은 '껍데기', 겉이 부드러운 귤이나 양파는 '껍질'이라고 하는구나!

표현력 껍데기 vs 껍질 어떻게 쓰일까요?

(1) 삶은 달걀 **껍데기**를 까다.

(2) 양파 **껍질**을 벗기다가 눈물이 났다.

어휘력 이어질 말을 찾아 줄로 이으세요.

망치로 호두의 •	• 껍질을 벗기다.
칼로 사과의 •	• 껍데기를 깨다.

독해력 글을 읽고 완성된 요리 그림을 찾으세요.

준비물: 프라이팬, 식용유, 달걀

(1) 가스레인지 위에 프라이팬을 올려요.

(2) 프라이팬에 식용유를 두 숟가락 두르고,
가스레인지의 불을 켜요.

(3) 2~3분 후 프라이팬이 달궈지면 달걀의 껍데기를 깨 넣어요.

(4) 3분 정도 익힌 뒤에 가스레인지의 불을 꺼요.

(5) 맛있는 요리 완성!

① 

② 

③ 

목요일

낳다 vs 낫다

'낳다'는 배 속의 아이, 새끼, 알 등을 몸 밖으로 내놓는다는 뜻이에요. '낫다'는 병이나 상처가 고쳐져서 원래대로 돌아왔을 때, 또는 보다 더 좋거나 앞서 있는 상황일 때 쓰여요.

라미야, 어제 우리 집 토끼가
새끼를 두 마리나 낳았어.
와, 정말? 보고 싶다!

지금은 엄마 토끼가 아파서
쉬어야 한대. 좀 나아지면 놀러 와.
몽이도 데려가~

그런데 토끼가 새끼를 낳느라 힘들어 하니까
내 동생이 잠도 안 자고 곁을 지킨 거 있지?
이럴 땐 나보다 낫다니까.

오~ 기특한걸? 새끼 토끼들도
건강히 잘 자랐으면 좋겠다.
응. 꼬물꼬물 얼마나 귀여운지 몰라!
얼른 보러 가야지!

표현력 낳다 vs 낫다 어떻게 쓰일까요?

(1) 닭이 알을 **낳다.**

(2) 걷는 것보다 자전거를 타는 것이 **낫다.**

어휘력 둘 중 알맞은 말에 O 하세요.

(1) 고모가 아기를 (낳았다. / 나았다.)

(2) 약을 먹고 병이 (낳았다. / 나았다.)

독해력 O 안에 들어갈 말은 무엇일까요?

새끼를 낳는 동물을 '포유류'라고 해요.
고래는 새끼를 낳아요.
그러므로 고래는 ○○○예요.

① 물고기 ② 포유류 ③ 자동차

금요일

닫히다 vs 다치다

'닫히다'는 열린 문짝, 뚜껑, 서랍 등이 원래대로 막히게 된 상태를 말해요.
'다치다'는 몸에 상처가 생긴 상태를 말하지요.

아이고 아파라! 보리 살려!
무슨 일이야!
콩아, 방금 바람에 문이 쾅 닫힌 소리 들었어?
헉! 설마 너 저 문에 손이 끼어서 다친 거야?
있잖아~ 나 손을 다쳐서 오늘 영어 숙제 못 할 것 같아. 네가 대신해 줄 수 있겠니?
뭐?
친구야, 내가 대신해 줄 수는 있지만 너, 나를 믿을 수 있겠니?
아, 아니. 그냥 내가 할게.
쯧쯧.

표현력 닫히다 vs 다치다 어떻게 쓰일까요?

(1) 도시락 뚜껑이 꽉 **닫히다**.

(2) 교통사고가 나서 많은 사람들이 **다치다**.

어휘력 밑줄 친 말과 반대의 의미를 가진 말에 O 하세요.

(1) 현관문이 **닫혔다**. ↔ 현관문이 (열렸다. / 더럽다.)

(2) 넘어져서 무릎을 **다쳤다**. ↔ 약을 발라 무릎의 상처가 (덧났다. / 나았다.)

독해력 그림을 보고 맞춤법에 맞게 말한 친구를 찾으세요.

① 정우: 유진이가 다리를 다쳐서 병원에 입원했어.

② 예하: 병실의 창문이 꼭 다쳐 있어.

③ 선빈: 유진이가 빨리 낳았으면 좋겠어.

쓰기 능력 키우기

선을 따라 글자를 쓰면서 배운 내용을 익히세요.

지도에서 동쪽을 가리키다.

선생님이 학생을 가르치다.

화분의 흙에 거름을 주었다.

수호는 걸음이 빠르다.

조개와 굴은 껍데기가 딱딱하다.

감자의 껍질을 벗기고 요리했다.

오리가 알을 낳았다.

치료를 받고 병이 나았다.

체육 시간에 다리를 다쳤다.

엘리베이터의 문이 닫혔다.

쉬어 가는 페이지

어휘력이 쑥쑥 자라는 낱말 퍼즐

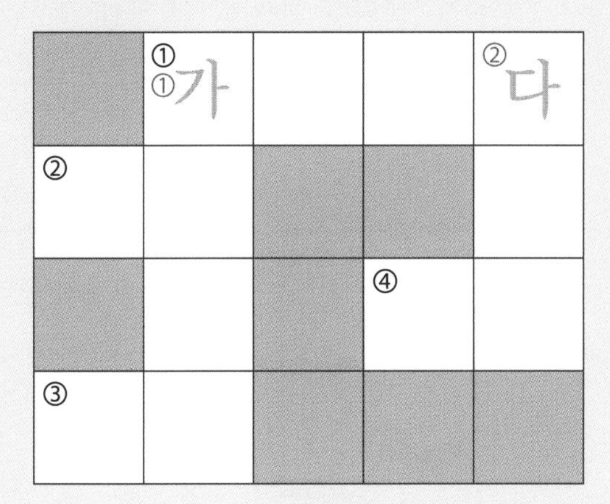

①
①가
②다
②
④
③

가로 열쇠

① 아는 사람이 모르는 사람에게 지식이나 기술 같은 것을 알려 주다.

(예) 동생에게 구구단을 ○○○○.

② 두 개의 물건이나 장소 따위가 공간적으로 떨어진 길이.

(예) 친구와 나의 ○○를 좁히기 위해 발걸음을 빨리했다.

③ 배 속의 아이, 새끼, 알을 몸 밖으로 내놓다.

(예) 고양이가 새끼를 ○○.

④ 병이나 상처 따위가 고쳐져 원래대로 되다.

(예) 병이 ○○.

세로 열쇠

① 어떤 방향이나 대상을 집어서 말하다.

(예) 교실 뒤의 쓰레기통을 손가락으로 ○○○○.

② 몸에 상처가 생기다.

(예) 사과 껍질을 깎다가 손을 ○○○.

월요일

들리다 vs 들르다

'들리다'는 소리가 사람이나 동물의 귀를 통해 들어오는 것을 말해요. '들르다'는 지나가는 길에 잠깐 들어가 머무는 것을 말하지요.

라미야!
아이고!
귀 아파라.

야! 조용히 불러도 다 들린다고~
내 목소리가 좀 컸나?

내가 편의점 잠깐 들리는
새를 못 참고 먼저 가 버리다니!
와! 핫도그 맛있겠다.
내 것도 산 거야?

유자야, 그런데 너 아까
편의점에 '들렸다'고 했잖아.
'들리는' 게 아니고 '들르는' 거야.
그, 그런가?
비슷해서
헷갈리네!

이렇게 외워. '들리는' 건 귀!
'들르는' 건 발!

표현력 **들리다 vs 들르다 어떻게 쓰일까요?**

(1) 소리가 잘 **들리다.**

(2) 학원 가는 길에 문구점에 **들르다.**

어휘력 **다음 문장에서 맞춤법이 틀린 부분에 O 하고, 바르게 고쳐 쓰세요.**

(1) 선생님께서 집에 가기 전에 교실에 들리라고 하셨어.

(2) 어디서 음악 소리가 들른다.

독해력 **글을 읽고 맞는 말에 O, 틀린 말에 X 하세요.**

'우르릉 쾅!'
천둥소리가 들리더니 맑았던 하늘에서 굵은 빗방울이 떨어지기 시작했어요. 우산을 챙기지 않은 은수는 울상을 지었지요. 그때 학교 근처에 사는 지우가 말했어요.
"은수야, 우리 집에 들르자. 우산 빌려줄게."
은수는 어려울 때 도움을 준 지우에게 고마운 마음이 들었어요.

(1) 천둥소리가 들리더니 비가 내렸어요. (　　)

(2) 은수는 우산을 가져왔어요. (　　)

화요일

떠올리다 vs 떠오르다

'떠올리다'는 기억을 되살려 내거나, 좋은 생각을 해냈을 때 쓰는 말이에요. '떠오르다'는 솟아서 위로 올라오는 모습을 나타내는 말이지요.

이야, 해가 떠오르는 모습!
감동이다!

얘들아, 나 방금 머릿속에
멋진 가사가 떠올랐어!
궁금하다 몽!

해야 해야~ 밝은 해야~
이태백이 놀던 해야~~~

뭔가 이상한데?
어디서 많이
들어 본 노래다 몽!

보리야, 그거 혹시
달아 달아~ 밝은 달아~
아니니?

에헤헤, 들켰네!

표현력 떠올리다 vs 떠오르다 어떻게 쓰일까요?

(1) 쓰레기를 줄일 수 있는 방법을 **떠올려** 보자.

(2) 하늘 위로 구름이 두둥실 **떠오르다**.

어휘력 둘 중 알맞은 말에 O 하세요.

(1) 동해 바다에서 해가 (떠올르는 / 떠오르는) 모습을 보았다.

(2) 그때 기억을 (떠올리면 / 떠오르면) 저절로 기분이 좋아진다.

독해력 O 안에 들어갈 말은 무엇일까요?

'내일은 내일의 태양이 ○○○○.'는 말이 있어.
유명한 소설이자 영화인 〈바람과 함께 사라지다〉에 나오는 주인공의 대사인데, 힘든 하루를 보낸 주인공이 눈물을 닦고 마음을 단단히 먹으며 하는 말이야.
역사상 태양이 떠오르지 않은 날은 없어. 그러니까 오늘 아무리 힘들고 어려운 일이 있었더라도 떨쳐 내고, 희망적인 내일을 맞을 준비를 하자는 뜻이야.

① 떠올른다 ② 떠오른다 ③ 무너진다

수요일

맞히다 vs 맞추다

'맞히다'는 문제의 답을 틀리지 않았다는 뜻이에요. 물체를 쏘거나 던져서 '적중하다'라는 의미도 가지고 있지요. '맞추다'는 두 개 이상의 대상을 나란히 놓고 비교해 본다는 뜻이에요. 서로 조화를 이루거나 어긋나지 않게 한다는 의미도 있어요.

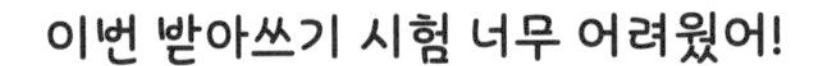
이번 받아쓰기 시험 너무 어려웠어!

맞아. 두 문제는
정말 헷갈리더라.

얘들아, 답 맞춰 보자!
나도, 나도!
그래!

70 유자
90 뭉식이
100 라미

한턱 쏴! 한턱 쏴!

와, 라미 100점이다!
어려운 문제도 다 맞혔네~
힝, 나는 세 개 틀렸어.

좋아, 컵볶이 먹으러 가자!
와아~

표현력 맞히다 vs 맞추다 어떻게 쓰일까요?

(1) 퀴즈의 정답을 **맞히다**.

(2) 책상의 줄과 간격을 잘 **맞추다**.

어휘력 이어질 말을 찾아 줄로 이으세요.

양궁 선수가 화살로 과녁을 •	• 정확하게 맞혔다.
생일 파티를 하기 위해 친구들과 •	• 시간을 맞춰 보았다.

독해력 그림을 보고 맞춤법에 맞게 말한 친구를 찾으세요.

① 윤우: 어린이 두 명이 퍼즐을 맞히고 있어.

② 지유: 남자아이가 퍼즐 조각을 어디에 맞힐지 고민하고 있어.

③ 채원: 퍼즐을 다 맞추면 말 그림이 완성돼.

목요일

바라다 vs 바래다

'바라다'는 어떤 일이 이루어지기를 원할 때 쓰는 말이에요. '바래다'는 햇볕이나 습기를 받아서 색이 변했을 때 쓰는 말이지요.

보리야, 새해 복 많이 받아.
올해도 사이좋게 지내자.
건강한 한 해 보내길 바라.

유자야, 이거 봐. 뭉식이가 나에게 편지를 썼는데 맞춤법이 틀렸어.

정말이네? '바래'를 '바라'라고 잘못 썼잖아? 뭉식이가 웬일이지?

으이그! 뭉식이가 아니라 너희가 틀렸어.

어떤 일이 이루어지길 기다릴 때는 '바라'라고 쓰는 게 맞다고.

'바래다'는 색이 변했다는 뜻이야. '종이가 누렇게 바래다'처럼 쓰인다 뭉!
그렇구나~ 괜히 뭉식이에게 미안하네.

표현력

바라다 vs 바래다 어떻게 쓰일까요?

(1) 합격을 간절히 **바라다.**

(2) 벽지의 색이 누렇게 **바래다.**

어휘력

둘 중 알맞은 말에 O 하세요.

(1) 우리 우정이 변치 않기를 (바라. / 바래.)

(2) 오래 입은 셔츠의 색이 흐릿하게 (바랐다. / 바랬다.)

독해력

병 속의 편지는 무엇을 다짐하는 내용인가요?

이 병 속에 든 편지는 100년 전에 발견되었습니다.
편지를 쓴 사람은 사랑하는 사람을 두고 전쟁터에 나간 남자입니다. 편지에는 "이 종이의 색은 바래도 우리의 사랑은 변하지 않기를 바란다."고 적혀 있습니다.

① 효심 ② 우정 ③ 사랑

금요일

시각 vs 시간

'시각'은 시간의 어느 한 지점을 말해요. 시곗바늘이 가리키는 한 순간을 뜻하는 말이지요. '시간'은 어떤 시각에서 어떤 시각까지의 사이를 말해요. 어떤 일을 하기로 정한 기간을 말할 때도 쓰여요.

유자야, 늦겠다! 뛰어!
버스 출발 시각이 언제였지?

헉헉. 12시! 10분 남았어.
어휴, 정말 시간이 얼마 없네.

미안해, 내가 준비하는 시간이 오래 걸려서…….

괜찮아. 아직 약속 시각이 되지 않았으니까 빨리 가자.

와! 저기 버스가 보인다!
빨리 와!
야호! 무사 도착!

시각? 시간? 뭐가 다른 거지?

표현력 시각 vs 시간 어떻게 쓰일까요?

(1) 우리 학교 등교 **시각**은 아침 8시 30분이다.

(2) 영화를 보면서 즐거운 **시간**을 보냈다.

어휘력 맞춤법에 맞게 쓴 문장에 O, 틀리게 쓴 문장에 X 하세요.

(1) 오늘은 밥 먹을 시각도 없이 바쁘다. (   )

(2) 수업 시간에는 선생님 말씀에 귀 기울이자. (   )

독해력 O 안에 공통으로 들어갈 말은 무엇일까요?

'OO은 금이다.'라는 격언이 있어.
OO은 하루에 24시간으로 정해져 있고, 한 번 지나가면 되돌릴 수 없기 때문에 금처럼 소중하게 여기고 허투루 쓰지 말아야 한다는 뜻이야.

① 시각 ② 시간 ③ 세월

쓰기 능력 키우기

선을 따라 글자를 쓰면서 배운 내용을 익히세요.

수업 시작을 알리는 종소리가 들리다.

집에 가는 길에 할머니 댁에 들르다.

물속에 있던 잠수함이 물 위로 떠오르다.

바다에 놀러 갔던 기억을 떠올리다.

친구와 함께 걷기 위해 발걸음을 맞추다.

수수께끼의 답을 모두 맞히다.

우리 가족이 모두 건강하기를 바라다.

햇볕에 오래 널어 둔 옷의 색이 바래다.

오늘 해가 뜨는 시각은 아침 6시 30분이다.

약속 시간을 잘 지키자.

쉬어 가는 페이지

맞춤법 공부하는 미로 찾기

친구가 집을 찾아가고 있어요.

맞춤법에 맞게 쓴 문장을 따라가면 집을 찾을 수 있대요.

	새들이 지저귀는 소리가 들린다.	오래된 책의 종이가 누렇게 바라다.
공을 던져서 과녁 한가운데를 맞췄다.	어릴 적 기억을 떠올리다.	어려운 문제의 정답을 맞혔다.
네가 행복하길 바래.	집에 가는 길에 떡볶이 집에 들리다.	친구와 재미있게 놀다 보니 시간이 금방 갔다.
연이 하늘 높이 떠올리다.	점심 시각에 볶음밥을 먹었다.	

월요일

알갱이 vs 알맹이

'알갱이'는 작고, 단단하고, 동그란 물질을 말해요. 그래서 열매나 곡식의 낟알을 '알갱이'라 하지요. '알맹이'는 물건의 껍데기나 껍질을 벗기고 남은 속 부분을 말해요. 어떤 일의 핵심이 되는 중요한 부분을 뜻하는 말로도 쓰여요.

얘들아, 이거 봐!
할아버지 댁 나무에서 따 온 밤이야.
앗, 따가워!

알갱이만 잘
먹는 방법이 없을까?

으악! 밤 알갱이를
먹으면 큰일 나!

'알갱이'는 열매 전체를 가리키는 말이야.
우리가 먹어야 할 건 알갱이에서 껍질을 깐,
밤 '알맹이'라고!

알갱이

알맹이

아하! 속에 있는 중요한 게 '알맹이'구나.
그래서 중요한 일을 놓쳤을 때
'알맹이가 빠졌다'라고 하나 봐!

표현력 알갱이 vs 알맹이 어떻게 쓰일까요?

(1) 설탕 **알갱이**는 물에 잘 녹는다.

(2) 호두 **알갱이**를 까 보니 **알맹이**보다 껍데기가 더 많다.

어휘력 둘 중 알맞은 말에 O 하세요.

(1) 쌀 (알갱이 / 알맹이)를 튀겨 뻥튀기를 만들었다.

(2) 껍질은 버리고 (알갱이 / 알맹이)만 먹었다.

독해력 설명글을 읽고 내용을 잘못 이해한 사람을 찾으세요.

참 맛있는 포도 통조림

- 이 통조림은 우리나라에서 자란 국산 포도로 만들었습니다.
- 안전하게 씨와 껍질을 제거한 뒤 포도 알맹이만 담았습니다.
- 캔을 딸 때 날카로운 면에 손을 다칠 수 있으니 주의하세요.

깐포도
GRAPES

① 호연: 우리나라에서 자란 포도로 만들었어.

② 현진: 포도 알갱이가 통째로 들어 있어.

③ 정우: 캔의 날카로운 부분은 조심해야 해.

화요일

잃어버리다 vs 잊어버리다

'잃어버리다'는 가지고 있었던 물건이 나도 모르게 사라졌을 때 쓰는 말이에요. '잊어버리다'는 알고 있었던 것을 기억하지 못할 때, 기억해야 할 것을 한 순간 전혀 기억하지 못할 때 쓰는 말이지요.

라미야,
나 연필 좀 빌려줘.
필통을 잃어버렸나 봐.
뭐? 필통을
잃어버렸다고?

선생님! 보리 필통이
사라졌대요!
헉

보리가 필통을 어디서
잃어버렸을까?
교실에 떨어진 필통
본 친구 있니?

야야! 사라진 게
아니라, 집에서
안 가져왔다고!

어휴! 그러면 '잃어버린' 게 아니라
'잊어버린' 거잖아!

긁적
그, 그런가?

표현력 잃어버리다 vs 잊어버리다 어떻게 쓰일까요?

(1) 장갑 한 짝을 **잃어버리다.**

(2) 어릴 적 친구의 이름을 **잊어버리다.**

어휘력 밑줄 친 말과 비슷한 말에 O 하세요.

(1) 주머니에 들어 있던 돈을 **잃어버렸다.**

= 주머니에 들어 있던 돈이 (사라졌다. / 나타났다.)

(2) 엄마가 하신 말씀을 **잊어버렸다.**

= 엄마가 하신 말씀이 (또렷하다. / 기억나지 않는다.)

독해력 대화를 읽고 빈칸에 알맞은 말을 고르세요.

혜은: 언니, 이번 주 금요일이 아빠 생신이야.
소은: 어머나! 깜빡
혜은: 용돈을 모아서 케이크를 사면 어떨까?
소은: 그래, 생신 축하 노래도 연습하자.

① 이저버릴 뻔했네!

② 잊어버릴 뻔했네!

③ 잃어버릴 뻔했네!

수요일

작다 vs 적다

'작다'는 길이나 넓이 등 크기가 비교 대상보다 덜할 때 쓰는 말이에요.
'적다'는 개수나 양이 일정한 정도에 미치지 못할 때 쓰여요.

귤 따기 체험 정말 재미있었다, 그치?

나무에 그렇게 많은 귤이 열리다니! 놀라워~.

어? 그런데 왜 너는 귤이 열 개고 나는 여덟 개야?

뭐야 뭐야~ 왜 내 귤이 더 적어? 우리 둘 다 1킬로그램씩 담았는데!

야야, 이거 봐 봐. 내 귤의 크기가 더 작잖아.

개수는 달라도 무게는 같을 거야.
못 믿겠어! 당장 다시 무게를 재 봐야지!

표현력

작다 vs 적다 어떻게 쓰일까요?

(1) 쥐는 코끼리보다 몸집이 **작다.**

(2) 내 용돈은 누나의 용돈보다 **적다.**

어휘력

밑줄 친 말과 반대의 의미를 가진 말에 O 하세요.

(1) 현수는 지현이보다 키가 작다. ↔ 현수는 지현이보다 키가 (깊다. / 크다.)

(2) 학생의 수가 작년보다 적다. ↔ 학생의 수가 작년보다 (많다. / 넓다.)

독해력

글을 읽고 맞춤법에 맞게 말한 친구를 찾으세요.

기다리고 기다리던 점심시간! 리아는 급식실로 달려가 맨 앞에 섰어요. 그런데 조리사 선생님이 리아에게 주신 밥의 양이 너무 적었어요.
"선생님, 저 밥 더 주세요! 제 키가 친구들보다 좀 작긴 하지만 저도 3학년이라고요."
"어머, 리아야 미안해. 이만큼 더 줄게!"
"고맙습니다, 선생님!"

① 선우: 리아는 키가 적지만 밥은 많이 먹네!

② 시연: 키가 작다고 밥도 적게 먹는 건 아니야.

③ 강민: 리아는 밥 양이 작아서 화가 났어.

목요일 장사 vs 장수

'장사'는 이익을 얻기 위해 물건을 파는 일을 말해요. '장수'는 물건 파는 일, 즉 장사를 하는 사람이에요.

저기가 우리 아빠가 하시는 꽃 가게야.
아저씨, 안녕하세요? 장미꽃이 정말 예뻐요.

뭉식이네 아빠는 꽃 장수를 하시는구나.

우리 아빠는 꽃 장사를 하시는데?

엥? 장사와 장수가 다른 거야?

당연히 다르지! 물건을 파는 일을 '장사', 물건 파는 일을 하는 사람을 '장수'라고 해.

아하! 꽃 장사를 하는 꽃 장수! 이렇게 기억하면 되겠네!

표현력 장사 vs 장수 어떻게 쓰일까요?

(1) 삼촌이 역 앞에서 김밥 **장사**를 시작하다.

(2) 과일 **장수**가 수박과 참외를 팔고 있다.

어휘력 둘 중 알맞은 말에 O 하세요.

(1) 그 식당은 (장사 / 장수)가 잘된다.

(2) 우리 동네 생선 (장사 / 장수) 아저씨는 친절해요.

독해력 글을 읽고 맞는 말에 O, 틀린 말에 X 하세요.

한 청년이 길을 걷다가 얼굴에 근심이 가득한 할머니를 만났어.
"할머니, 무슨 걱정이 그렇게 많으세요?"
"나에게는 우산 장수 큰아들과 소금 장수 작은아들이 있다네.
날이 맑으면 우산을 파는 큰아들의 장사가 안되고, 비가 오면 작은아들 가게의 소금이 녹아 버리니 늘 걱정이 많지."
할머니의 말을 들은 청년이 웃으며 말했어.
"할머니, 비 오는 날은 큰아들의 장사가 잘되니 기쁘고, 맑은 날에는 작은아들의 소금이 녹지 않으니까 기쁘다고 생각하면 매일매일 즐겁지 않을까요?"
청년의 말대로 생각을 바꾼 뒤부터 할머니는 걱정 없이 오래오래 사셨대.

(1) 할머니의 두 아들 중 한 명만 장사를 하고 있어요. (　　)

(2) 생각을 바꾸니 걱정이 사라졌어요. (　　)

금요일

장이 vs 쟁이

'장이'는 어떤 것과 관련된 기술을 가진 사람을 말해요. '쟁이'는 어떤 습성을 많이 가지고 있는 사람을 가리키는 말이에요.

음, 이건 양복쟁이가 아니라 '양복장이'라고 써야 맞는 것 같은데.
30년간 양복만 만든 양복쟁이의 가게

오~ 보리 네가 웬일이야? 틀린 맞춤법도 찾아내고!

오늘 수업 시간에 배웠잖아. 특별한 기술을 가진 사람은 장이!

그리고 어떤 성질을 가진 사람은 쟁이!
그렇지!

그러니까 라미 너처럼 잘난 척하기 좋아하는 사람은 잘난 척쟁이~

뭐라고? 너 이리 와!

잘난 척쟁이 라미야~ 나 잡아 봐라!

표현력 장이 vs 쟁이 어떻게 쓰일까요?

(1) 쇠를 뜨겁게 달궈 연장을 만드는 사람을 대장**장이**라고 해요.

(2) 우리 할아버지는 동네에서 유명한 멋**쟁이**세요.

어휘력 이어질 말을 찾아 줄로 이으세요.

엄마는 어릴 때 장난을 좋아하는 •	• 옹기장이가 땀 흘리며 일해요.
아름다운 그릇을 만들기 위해서 •	• 개구쟁이였대요.

독해력 친구들이 설명하는 동화의 제목은 무엇일까요?

- 하민: 아름다운 공주와 무시무시한 왕비, 일곱 명의 키가 작은 요정이 등장해.
- 준우: 공주는 독이 든 사과를 먹고 깊은 잠에 빠져.
- 누리: 왕비는 매일 "거울아, 거울아. 세상에서 누가 제일 예쁘니?"라고 물었어.

① 백설공주와 일곱 욕심쟁이

② 백설공주와 일곱 난쟁이

③ 백설공주와 일곱 난장이

쓰기 능력 키우기

선을 따라 글자를 쓰면서 배운 내용을 익히세요.

모래는 자갈보다 | 알 | 갱 | 이 | 가 작다.

땅콩 | 알 | 맹 | 이 | 가 고소하다.

지갑을 | 잃 | 어 | 버 | 리 | 다 | . |

심부름하는 것을 | 잊 | 어 | 버 | 리 | 다 | . |

우리 학교는 운동장이 | 작 | 다 | . |

나는 형보다 나이가 | 적 | 다 | . |

할아버지가 시장에서 | 장 | 사 | 를 하신다.

사과 | 장 | 수 | 아주머니가 덤을 주셨다.

미 | 장 | 이 | 는 집을 지을 때 시멘트 바르는 일을 하는 사람이다.

말썽 | 쟁 | 이 | 내 동생

쉬어 가는 페이지

맞춤법 익히는 초성 퀴즈

초성을 보고 맞춤법에 맞게 빈칸을 채우세요.

땅콩 [알] [ㄱ] [ㅇ] 를 까서 [ㅇ] [ㅁ] [이] 만 먹었어요.

집에 가는 길을 [ㅇ] [ㅇ] [버] [려] 서

길을 [ㅇ] [ㅇ] [버] [렸] 어요.

나는 언니보다 키가 [ㅈ] [고] 몸무게가 [ㅈ] [다.]

아이스크림 [장] [ㅅ] 를 하는 아이스크림 [ㅈ] [ㅅ]

방귀 [ㅈ] [이] 우리 아빠는

구두 고치는 실력이 뛰어난 구두 [ㅈ] [ㅇ] 입니다.

월요일

적용하다 vs 적응하다

'적용하다'는 '알맞게 맞추어 쓰다, 알맞게 이용하다'라는 뜻이에요. '적응하다'는 '어떤 조건이나 환경에 알맞게 변화하다'라는 뜻을 가지고 있어요.

아이스크림 가게
얘들아 다 골랐으면 계산하자!

우리 다 500원짜리 아이스크림을 골랐네!
음, 모두 합하면 얼마지?
OO바
OO바

구구단 5단을 적용해 보면, 5 곱하기 4는 20. 2천 원이네!
오올~ 유자!

역시, 사람은 적응하는 동물이야. 나처럼 똑똑한 친구를 사귀더니 유자도 똑똑해졌잖아!

표현력 적용하다 vs 적응하다 어떻게 쓰일까요?

(1) 신제품에 최신 기술을 **적용하다**.

(2) 전학 간 학교에 **적응하다**.

어휘력 밑줄 친 말과 비슷한 말에 O 하세요.

(1) 책에서 배운 내용을 실생활에 **적용하다**.

= 책에서 배운 내용을 실생활에 (연주하다. / 활용하다.)

(2) 카멜레온은 주위 환경에 **적응하여** 몸 색깔이 바뀐다.

= 카멜레온은 주위 환경에 (맞추어 / 반대로) 몸 색깔이 바뀐다.

독해력 편지를 읽고 O에 들어갈 말을 고르세요.

보고 싶은 친구 지영이에게
지영아, 안녕? 네가 이사를 간 지도 벌써 한 달이 되었네.
새로운 동네에 잘 ○○하고 있니? 친구도 사귀었고?
여름 방학에 다시 만날 때까지 건강히 지내.

① 적용　② 적응　③ 변화

좇다 vs 쫓다

'좇다'는 목표나 꿈, 행복 등을 이루기 위해 노력한다는 뜻이에요. 다른 사람의 말이나 뜻을 본받는다는 뜻으로도 쓰이지요. '쫓다'는 어떤 대상을 잡거나 만나려고 뒤를 급히 따라간다, 어떤 자리에서 떠나도록 몰아낸다는 뜻이에요.

저는 커서 멋진 경찰관이 되고 싶습니다. 경찰관이라는 꿈을 좇아 매일 30분씩 달리기를 하고 있어요.
나의 꿈

범인을 쫓기 위해서는 체력이 좋아야 하니까요.
짝
짝
짝

오늘 라미 좀 멋진데?

응. 라미가 경찰관이 되면 범인들이 무서워서 벌벌 떨 것 같아.

얘들아, 나도 100만 유튜버라는 꿈을 좇아 먹방 연습을 하려고 해. 이따가 나랑 같이 떡볶이 먹으러 갈 사람?

유자야, 너는 지금도 충분히 많이 먹고 있어서 연습은 필요 없을 것 같은데?
메롱~

표현력 좇다 vs 쫓다 어떻게 쓰일까요?

(1) 훌륭한 위인의 삶을 **좇다.**

(2) 사냥꾼이 멧돼지를 **쫓다.**

어휘력 둘 중 알맞은 말에 O 하세요.

(1) 우리 집 강아지는 동생 뒤만 졸졸 (좇아 / 쫓아) 다닌다.

(2) 이번 여름 휴가는 부모님의 의견을 (좇아 / 쫓아) 산으로 간다.

독해력 O 안에 공통으로 들어갈 말은 무엇일까요?

'닭 ○○ 개 지붕 쳐다본다.'라는 속담에 대해 알려 줄게.
개가 닭을 잡으려고 열심히 쫓아가고 있었대. 그런데 개에게 쫓기던 닭이 푸드덕 날아 지붕 위로 올라가 버린 거야. 쫓아가던 개는 더 이상 닭을 따라갈 수 없어 지붕만 쳐다보고 있었지. 이렇게 닭을 ○○ 개처럼 애쓰던 일이 실패했을 때의 허무한 마음을 표현한 속담이야.

① 좇던 ② 쫓던 ③ 먹던

수요일

주리다 vs 줄이다

'주리다'는 제대로 먹지 못해서 배가 고프다는 뜻이에요. '줄이다'는 물체의 크기를 원래보다 작게 만든다는 뜻이지요.

얘들아,
나 너무 슬퍼.

유자야! 무슨 일이야?

걱정된다 몽!

갑자기 무릎이 아파서
병원에 갔는데, 의사 선생님이…

건강을 위해 몸무게를
5킬로그램 줄이세요.

먹는 걸 세상에서
제일 좋아하는 유자가
다이어트라니!

아침밥 먹은 후로
지금까지 배를
주리고 있었더니
막 어지러워~

저… 유자야? 그런데 지금 아직
10시밖에 안 됐거든?

어? 그, 그래?

아침밥 먹은 지 1시간
밖에 안 지났다 몽!

표현력 주리다 vs 줄이다 어떻게 쓰일까요?

(1) 먹을 것이 없어 배를 **주리다.**

(2) 바지가 너무 커서 허리 사이즈를 **줄이다.**

어휘력 이어질 말을 찾아 줄로 이으세요.

오랫동안 배를 •	• 주린 사람처럼 허겁지겁 빵을 먹었다.
음악 소리를 •	• 작게 줄였다.

독해력 기사에서 이야기하고 있는 상황을 나타낸 사진을 고르세요.

오랫동안 내린 장맛비로 피해가 속출하고 있습니다. 비가 가장 많이 내린 △△시는 주택 일부가 물에 잠겨 주민 50명이 대피한 상태입니다. 다행히 대피 안내가 빠르게 이루어져 인명 피해는 줄일 수 있었습니다. 그러나 대피한 주민들은 물과 음식이 부족해 굶주리고 있습니다.

①

②

③

목요일

틀리다 vs 다르다

'틀리다'는 셈이나 사실이 그르거나 어긋날 때 쓰는 말이에요. '다르다'는 비교가 되는 두 대상이 서로 같지 않다는 뜻이에요.

내 사촌 동생들이야, 인사해.
안녕? 그런데 너희 쌍둥이라고 들었는데…….
하나도 안 닮았네?
맞아. 얼굴이 완전 틀리다.
'틀린' 게 아니라 '다른' 거예요.
우리는 얼굴도 다르고, 성격도 달라요.
그렇구나! 쌍둥이에 대한 내 생각이 완전히 틀렸네!
머쓱

표현력 **틀리다 vs 다르다 어떻게 쓰일까요?**

(1) 시험문제의 답을 **틀리다.**

(2) 너와 나는 생각이 **다르다.**

어휘력 **밑줄 친 말과 반대의 의미를 가진 말에 O 하세요.**

(1) 계산이 **틀리다.** ↔ 계산이 (맞다. / 없다.)

(2) 형과 나는 좋아하는 음식이 **다르다.** ↔ 형과 나는 좋아하는 음식이 (찍다. / 같다.)

독해력 **대화를 읽고 O 안에 들어갈 말을 고르세요.**

은정아, 너 사회 문제 1번 답 몇 번으로 골랐어?

나 3번.

아… 나는 2번 골랐는데. 답이 틀리네.

뭐? 내가 1번 문제를 틀렸다고?

아니. 너랑 나랑 쓴 답이 서로 같지 않다는 말이야.

그럼 '틀리다'가 아니라 'OOO'라고 해야지.

① 싫었다　　② 다르다　　③ 이겼다

금요일 한참 vs 한창

'한참'은 시간이 상당히 지나는 동안이라는 뜻이에요. '한창'은 어떤 일이 가장 활기 있을 때, 최고의 경지에 달한 상태를 말해요.

얘들아, 미안 미안!
야! 한참 기다렸잖아!
보리는 만날 늦는다 뭐!
왜 이렇게 늦었어?
집 앞에서 공사가 한창이라 길이 너무 막히더라고.
빨리 가자. 여기서 미술관까지 한참 걸리잖아.
어? 그런데 보리 너…
으하하! 신발을 짝짝이로 신었잖아!
어휴, 급하게 나오느라 나도 모르게!
아하하하. 개성 있고 좋네.

표현력 **한참 vs 한창 어떻게 쓰일까요?**

(1) **한참**을 걸어 집에 도착했다.

(2) 공원에서는 꽃 축제가 **한창**이다.

어휘력 **다음 문장에서 맞춤법이 틀린 부분에 O 하고, 바르게 고쳐 쓰세요.**

(1) 사람이 많아서 한창 줄을 서서 기다렸다.

(2) 8월은 수박이 한참 때다.

독해력 **글을 읽고 맞는 말에 O, 틀린 말에 X 하세요.**

우리 가족은 동해로 여름 휴가를 갔어요. 차를 타고 한참 달려 도착한 바닷가에는 사람이 많았어요. 엄마는 "한창 휴가 때라 해수욕장이 붐비네!"라고 하셨어요. 언니와 나는 얼른 수영복으로 갈아입고 시원한 바다로 뛰어들었어요.

(1) 우리 가족은 동해 바다로 여름 휴가를 갔어요. (　　)

(2) 해수욕장에 사람이 별로 없었어요. (　　)

쓰기 능력 키우기

선을 따라 글자를 쓰면서 배운 내용을 익히세요.

수학 시간에 배운 공식을 적용하다.

새로운 환경에 적응하다.

할아버지의 뜻을 좇다.

경찰이 도둑을 쫓다.

왕은 백성들이 배를 주리지 않도록 보살폈다.

자동차의 속도를 줄이다.

오빠와 나는 성격이 다르다.

일기 예보가 틀리다.

한참 생각했지만 답을 찾지 못했다.

한창 바쁠 때 전화가 왔다.

쉬어 가는 페이지

어휘력이 쑥쑥 자라는 낱말 퍼즐

① ①한				③
		②		
		② 다		

가로 열쇠

① 시간이 상당히 지나는 동안

(예) ○○ 기다리다.

② 비교가 되는 두 대상이 서로 같지 않다.

(예) 너와 나는 생각이 ○○○.

세로 열쇠

① 어떤 일이 가장 활기 있고 왕성하게 일어나는 때

(예) 축제가 ○○이다.

② 물체의 크기를 원래보다 작게 만들다.

(예) 바지의 허리를 ○○○.

③ 어떤 조건이나 환경에 알맞게 변화하다.

(예) 전학 간 학교에 ○○○○.

월요일

가치 vs 같이

'가치'는 어떤 사물이 가지고 있는 쓸모나 의미를 말해요. '같이'는 둘 이상의 사람이나 사물이 함께인 상태를 말하지요.

길거리에 쓰레기가 많네!
그러게. 쓰레기 줍는 일이 생각보다 힘들구나.
그래도 아침 일찍 일어나서 가치 있는 일을 하니 뿌듯해.
맞아. 우리가 다 같이 좋은 일을 하니 더 기분이 좋은걸?
나도 그래.
으악! 이게 뭐야?
유자야, 무슨 일이야?
어휴! 누가 족발을 여기에 버렸어? 맛있는 음식을 아깝게!

표현력 가치 vs 같이 어떻게 쓰일까요?

(1) 건강은 우리 삶에서 중요한 **가치**이다.

(2) 친구와 **같이** 학교에 가다.

어휘력 밑줄 친 말과 비슷한 말에 O 하세요.

(1) **가치**를 인정받다. = (욕심 / 의미)를 인정받다.

(2) 모두 **같이** 가자. = 모두 (함께 / 각자) 가자.

독해력 O 안에 들어갈 말은 무엇일까요?

'○○ 우물 파고 혼자 먹는다.'라는 속담이 있어. 우물을 파는 일은 아주 힘들기 때문에 여럿이 힘을 합쳐야 해. 그런데 함께 어렵게 판 우물에서 혼자만 물을 마시려고 욕심내는 사람이 있다면 어떨까? 같이 일한 사람은 화가 나겠지? 이 속담은 여럿이 함께 노력하여 이룬 일의 성과를 혼자서 차지하려는 얄미운 사람을 꼬집고 있어.

① 홀로 ② 같이 ③ 가치

화요일 갔다 vs 같다

'갔다'는 한 곳에서 다른 곳으로 장소를 이동했다는 뜻이에요. '같다'는 서로 다르지 않고 하나라는 뜻이지요.

유자야, 너 비행기 타고 제주도에 갔다 왔다며?
와아! 재미있었겠다!
응! 비행기를 타고 구름 사이를 지나는데 '꿈만 같다'는 말이 이거구나, 싶었어.

그런데 유자야, 선물은 안 사왔니?
선물! 선물!
몽이도 선물!

깜빡했네! 나 집에 갔다 올게!

유자가 다시 올까?
'안 돌아온다'에 100원 건다!

표현력

갔다 vs 같다 어떻게 쓰일까요?

(1) 누나는 지난주에 여행을 **갔다.**

(2) 우리 반 친구들은 모두 나이가 **같다.**

어휘력

둘 중 알맞은 말에 O 하세요.

(1) 아침 일찍 학교에 (듣다. / 갔다.)

(2) 나와 재은이는 신발 사이즈가 (같다. / 비겼다.)

독해력

글에서 설명하는 우리 집 시계를 찾아 보세요.

우리 집 벽에 걸려 있는 시계는 갈색이에요.
시계에는 규칙적으로 왔다 갔다 하는 '추'가 달려 있지요.
시계는 특별한 방법으로 매시 정각을 알리는데, 시간과 같은 수만큼 종을 쳐요.

12:00

② 

③ 

거치다 vs 걷히다

'거치다'는 어떤 장소를 지나거나 들른다, 어떤 과정이나 단계를 겪는다는 뜻이에요. '걷히다'는 구름이나 안개가 흩어져서 사라지다, 커튼이나 그물처럼 늘어진 것을 치운다는 뜻이에요.

고모, 갑자기 불이 팍 꺼진 거 있죠?
컴컴해져서 얼마나 놀랐나 몰라요.
와! 불이 들어왔다!
역시 라미네 고모 손을 거치면 안 되는 일이 없다니까!
눈앞의 안개가 확 걷힌 느낌이야!
훗! 이 정도야!
고맙습니다!
찡긋

표현력

거치다 vs 걷히다 어떻게 쓰일까요?

(1) 부산에 가는 길에 대구를 **거치다**.

(2) 무대 위의 커튼이 **걷히다**.

어휘력

이어질 말을 찾아 줄로 이으세요.

구름이 •	• 걷히고 날씨가 맑아졌다.
우체국을 •	• 거쳐서 집에 왔다.

독해력

O 안에 들어갈 말은 무엇일까요?

'OO 것이 없다.'는 관용어는 일이 계획한 대로 막힘없이 진행될 때 쓰는 말이에요. 답답하게 앞을 가로막는 것이 하나도 없어 거침없이 앞으로 나아갈 수 있다는 뜻이지요.

① 걷힐　　② 버릴　　③ 거칠

목요일

금새 vs 금세

'금새'는 물건의 값을 나타내는 단어예요. 우리가 일상에서 주로 쓰는 '금방', '지금 바로', '짧은 시간'을 뜻하는 말은 '금세'라고 써요.

어? 보리가 안 보이네?
응, 치과 갔다가 좀 늦게 온다고 했어.
내가 연락해 볼게.

오후 4:30
보리야, 언제쯤 도착해?
보리
지금 출발해. 10분 후 도착!
오후 4:31
오후 4:32
금새 끝났네? 얼른 와. 다들 기다리고 있어.
보리
응.
오후 4:32

야야, 여기 맞춤법 틀렸잖아!
응? 어디?

여기!
10분 후 도
금새 끝났네?
들 기다리고

'금새'가 아니라, '금세'라고 써야지.

금새? 금세?
아이고 헷갈리네!

표현력

금새 vs 금세 어떻게 쓰일까요?

(1) **금새**만 잘 쳐준다면 오늘 쌀을 팔 예정이다.

(2) 책을 읽다 보니 시간이 **금세** 가 버렸다.

어휘력

둘 중 알맞은 말에 O 하세요.

(1) (금새 / 금세)도 모르면서 비싸다고 한다.

(2) 약을 먹은 효과가 (금새 / 금세) 나타났다.

독해력

속담을 잘 활용한 친구를 찾으세요.

'발 없는 말이 천 리 간다.'라는 속담이 있어요. 사람들끼리 주고받는 말은 금세 멀리까지 퍼져 나가므로, 말을 할 때 신중해야 한다는 뜻이에요.

① 태준: 발 없는 말이 천 리 간다더니, 내가 다쳤다는 소문이 금세 퍼졌네!

② 정연: 꾸준히 연습했더니 달리기 1등을 했어. 정말 발 없는 말이 천 리 가는구나!

③ 라희: 발 없는 말이 천 리 간다더니, 많이 먹었더니 배가 불룩 나왔어.

금요일

깁다 vs 깊다

'깁다'는 구멍 난 곳, 해어진 곳을 메우거나 꿰맨다는 뜻이에요. '깊다'는 겉에서 속까지 거리가 멀다는 뜻이에요. 생각이 듬직하고 신중하다는 뜻으로도 쓰여요.

와아~ 바다다!
얼른 수영하러 가자!
꺄! 신난다!
얘들아, 거기 물이 깊어! 조심해!
수심 1미터
으하하! 보리 엉덩이 좀 봐! 수영복에 구멍이 났어!
으악! 보, 보지 마!
나는 수영을 못하니까 보리 수영복이나 기워야겠다. 보리야, 이리 와!

표현력 깁다 vs 깊다 어떻게 쓰일까요?

(1) 세탁소에서 찢어진 옷을 깁다.

(2) 은영이는 생각이 깊다.

어휘력 밑줄 친 말과 반대의 의미를 가진 말에 O 하세요.

(1) 어부가 구멍 난 그물을 깁다. ↔ 어부가 구멍 난 그물을 (찢다. / 신다.)

(2) 우물이 깊다. ↔ 우물이 (넓다. / 얕다.)

독해력 글을 읽고 맞는 말에 O, 틀린 말에 X 하세요.

지난 주말에 아빠와 나는 캠핑을 갔어요. 깊은 숲속에 텐트를 치고, 밤이 깊어질 때까지 이야기도 나누었지요. 다음 날 아침에는 새소리를 들으며 일어나 산책도 했어요. 그런데 산책을 하다가 넘어져 바지가 찢어졌어요. 아빠는 실과 바늘로 구멍 난 내 바지를 기워 주셨어요.

(1) 나는 할머니, 할아버지와 깊은 숲속으로 캠핑을 갔어요. ( )

(2) 아빠는 내 바지를 기워 주셨어요. ( )

쓰기 능력 키우기

선을 따라 글자를 쓰면서 배운 내용을 익히세요.

이 책의 | 가 | 치 | 는 매우 높다.

친구와 | 같 | 이 | 운동을 했다.

밥을 먹으러 식당에 | 갔 | 다 | . |

우리는 좋아하는 색깔이 | 같 | 다 | . |

할머니 댁에 가는 길에 휴게소를 | 거 | 치 | 다 | . |

짙게 낀 안개가 말끔하게 | 걷 | 히 | 다 | . |

사과의 | 금 | 새 | 를 잘 쳐주었다.

생각보다 | 금 | 세 | 일이 끝났다.

구멍 난 양말을 | 깁 | 다 | . |

수영장의 물이 | 깊 | 다 | . |

쉬어 가는 페이지

맞춤법 공부하는 미로 찾기

다람쥐가 도토리를 찾고 있어요.
맞춤법에 맞게 쓴 문장을 따라가면 도토리를 얻을 수 있대요.

	가치 없는 일에 시간을 낭비하다.	다가치 우리 집으로 가자.
초등학교를 걷혀 중학교에 입학한다.	우리는 같은 동네에 산다.	먹구름이 걷히다.
찢어진 옷을 깁다.	금세를 낮게 쳐주다.	이모와 함께 산에 갔다.
소문이 금세 퍼졌다.	우리 학교는 역사가 깊다.	

월요일

느리다 vs 늘이다

'느리다'는 움직임이 빠르지 않고 어떤 동작을 하는 데 시간이 오래 걸린다는 뜻이에요. '늘이다'는 원래보다 길이를 길어지게 한다는 뜻이에요.

유자가 우리 중에 키가 제일 크구나!
히히, 뭉식이 덕분에 나는 꼴찌 아니다!

우리 뭉식이~ 밥 더 많이 먹어야겠네!
힝. 나는 왜 이렇게 키 크는 속도가 느릴까?

시간이 지나 겨울.
얘들아!

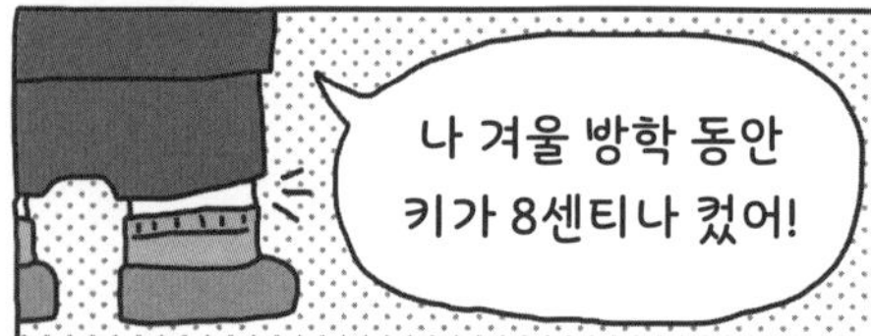
나 겨울 방학 동안 키가 8센티나 컸어!

와, 이제 뭉식이랑 나랑 키가 비슷해졌네!
뭉식이 바짓단을 늘여야겠다!
힝. 나도 오늘부터 운동 열심히 할 거야!

표현력 느리다 vs 늘이다 어떻게 쓰일까요?

(1) 거북이는 토끼보다 달리기 속도가 **느리다.**

(2) 밀가루 반죽을 길게 **늘이다.**

어휘력 둘 중 알맞은 말에 O 하세요.

(1) 호영이는 말투가 (느리다. / 늘이다.)

(2) 고무줄을 잡아서 (느리다. / 늘이다.)

독해력 기사를 읽고 O에 들어갈 말을 고르세요.

"K전자, 화면 크기를 늘였다 줄였다 할 수 있는 스마트폰 개발!"
우리나라에서 세계 최초로 화면 크기를 조절할 수 있는 스마트폰을 개발했다. 이번 연구로 발전이 OOO 스마트폰 기술 개발에 속도가 붙을 것으로 기대된다.

① 느렸던 ② 빨랐던 ③ 늘였던

맞다 vs 맡다

'맞다'는 문제의 답이나 사실이 틀리지 않을 때, 온도나 크기가 적당할 때 써요. '맡다'는 어떤 일에 대한 책임을 지고 있을 때 또는 코로 냄새가 들어와 느껴질 때 쓰는 말이지요.

킁킁! 어디서 맛있는 냄새가 나는데?
무슨 냄새?
얘들아, 가자!
분명히 50미터 내에서 누군가 고기를 굽고 있어!
이놈들! 딱 걸렸어!
아이고, 깜짝이야!
어떻게 알고 온 거야?
저 멀리서부터 고기 냄새를 맡았지!
와, 유자 말이 맞았네!
앞으로 유자를 '먹탐정'이라고 불러야겠네.

표현력 맞다 vs 맡다 어떻게 쓰일까요?

(1) 이번에는 네 말이 **맞다.**

(2) 향긋한 꽃향기를 **맡다.**

어휘력 둘 중 알맞은 말에 O 하세요.

(1) 반지가 손가락에 꼭 (맞다. / 막히다.)

(2) 이번 학기의 학급 회장을 (멀다. / 맡다.)

독해력 O 안에 들어갈 말을 고르세요.

올해 나의 목표
1. 아침에 스스로 일어나기
2. 한 달에 책 한 권 이상 읽기
3. ○○ 일을 끝까지 하기

① 맞은 ② 막은 ③ 맡은

매다 vs 메다

'매다'는 끈이나 줄이 풀어지지 않도록 고정하거나 묶는다는 뜻이에요. '메다'는 어깨에 걸치거나 올려놓았다는 뜻이지요.

에구, 무거워!
너 무슨 짐이 그렇게 많아?
그 큰 가방을 메고 산에 가게?
야, 가방 좀 열어 봐. 뭐가 들었나 보자!
동네 뒷산 가는데 뭘 이렇게 많이 가져왔어?
감자칩
돗자리
등산은 처음이라 이것저것 챙기다 보니까…
뭉식이 네 가방은 여기 맡겨 두고 가자.
아, 안 되는데…
안 되긴 뭘 안 돼! 한 시간이면 다녀온다고!
자자! 신발 끈 꽉 매고! 출발!

 표현력 **매다 vs 메다 어떻게 쓰일까요?**

(1) 셔츠 위에 넥타이를 **매다.**

(2) 어깨에 배낭을 **메다.**

 어휘력 **다음 문장에서 맞춤법이 틀린 부분에 O 하고, 바르게 고쳐 쓰세요.**

(1) 차에 탈 때는 안전벨트를 꼭 메자.

(2) 어깨에 총을 맨 군인들이 행진을 한다.

 독해력 **'나'는 누구일까요? 아래 그림에서 찾아 O 하세요.**

- 나는 목에 목도리를 매고 있습니다.
- 나는 가방을 메고 있지 않습니다.
- 나는 안경을 쓰지 않았습니다.
- 나는 여자입니다.

목요일

바치다 vs 받치다

'바치다'는 '윗사람에게 물건을 드리다, 아낌없이 모든 것을 내놓다'라는 뜻이에요. '받치다'는 '물건의 밑에 다른 물체를 대다'라는 뜻이지요.

와, 읽고 싶은 책이 많네!

뭉식아, 이 책들 좀 바쳐 줘.
응? 바치라고?
누구한테?

손으로 책 밑을
바치라고. 이렇게!

그럼 '받치'라고
해야지.

뭉식이 말이 맞아. '바치다'는
'윗사람에게 물건을 드리다'라는
뜻이라고!

그, 그런가?

 표현력 **바치다 vs 받치다 어떻게 쓰일까요?**

(1) 신에게 제물을 **바치다.**

(2) 커피잔을 쟁반으로 **받치다.**

 어휘력 **밑줄 친 말과 비슷한 말에 O 하세요.**

(1) 나라를 위해 목숨을 <u>바치다</u>.

= 나라를 위해 목숨을 (내놓다. / 아끼다.)

(2) 채소를 씻어 소쿠리에 <u>받치다</u>.

= 채소를 씻어 소쿠리에 (버리다. / 올려 두다.)

 독해력 **글을 읽고 어떤 상황에서 하는 말인지 찾아 보세요.**

트로피를 받치고 있는 손이 떨리네요. 생각하지도 못한 상을 받아 정말 기쁩니다. 영화를 찍느라 함께 고생한 배우와 제작진들께 감사 인사를 드리고 싶어요. 마지막으로 사랑하는 가족에게 이 상을 바칩니다.

② 

③ 

금요일

배다 vs 베다

'배다'는 '스며들거나 스며 나오다, 배 속에 아이나 새끼를 가지다'라는 뜻이에요. '베다'는 '날카로운 것으로 무언가를 자르다, 베개 등을 머리 아래에 받치다'라는 뜻이지요.

이거 봐!
아기 고양이들이 엄마 고양이의
배를 베고 누워 있네!
아유 귀여워~
zzz

어? 오늘 아침까지 어미 고양이가
새끼를 배고 있었는데.
그러게 말이야.
방금 태어난 아기들인가?

꺄~ 이 녀석 내가 좋은가 봐!

한번 안아 봐!

어휴, 아기를 안으려니
손에 땀이 배어 나오네.
아기 고양이보다
네가 더 귀엽다!

표현력 배다 vs 베다 어떻게 쓰일까요?

(1) 옷에 땀이 **배다.**

(2) 농부가 잘 익은 벼를 낫으로 **베다.**

어휘력 이어질 말을 찾아 줄로 이으세요.

오래된 옷에 퀴퀴한 냄새가 •	• 베었다.
날카로운 칼에 손을 •	• 배었다.

독해력 글을 읽고 맞는 말에 O, 틀린 말에 X 하세요.

오래된 그릇에 냄새가 배었을 땐 '쌀뜨물'을 이용하세요.
쌀을 씻은 뒤 남은 쌀뜨물을 그릇에 붓고 하루가 지난 뒤 씻어 내면 그릇에 배어 있던 냄새가 사라집니다. 쌀에 들어 있는 성분이 냄새와 이물질을 흡수하기 때문이에요.

(1) 그릇에 생긴 곰팡이를 없애는 방법을 알려 주는 글이에요. (　　)

(2) 쌀뜨물은 쌀을 씻은 뒤 남은 물을 말해요. (　　)

쓰기 능력 키우기

선을 따라 글자를 쓰면서 배운 내용을 익히세요.

나는 행동이 | 느 | 리 | 다 | . |

머리를 길게 땋아서 | 늘 | 이 | 다 | . |

네가 쓴 답이 | 맞 | 다 | . |

중요한 임무를 | 맡 | 다 | . |

밧줄을 단단히 | 매 | 다 | . |

책가방을 | 메 | 다 | . |

조상님께 음식을 | 바 | 쳤 | 다 | . |

과일을 그릇에 | 받 | 치 | 다 | . |

옷에 고기 냄새가 | 배 | 다 | . |

잠을 잘 때 베개를 | 베 | 다 | . |

쉬어 가는 페이지

맞춤법 익히는 초성 퀴즈

초성을 보고 맞춤법에 맞게 빈칸을 채우세요.

움직임이 빠르지 않을 때 하는 말	ㄴ	ㄹ	다
원래보다 길이가 길어지게 만들 때 쓰는 말	ㄴ	ㅇ	ㄷ
문제의 답이나 사실이 틀리지 않을 때 쓰는 말	맞	ㄷ	
어떤 일에 대한 책임을 질 때 쓰는 말	ㅁ	ㄷ	
끈이 풀어지지 않도록 고정할 때는	ㅁ	ㄷ	
어깨에 걸치거나 올려놓을 때는	메	ㄷ	
윗사람에게 물건을 드릴 때는	ㅂ	ㅊ	ㄷ
물건의 밑에 다른 물체를 댈 때는	받	ㅊ	ㄷ
배 속에 아이나 새끼를 가졌을 때는	배	ㄷ	
날카로운 것으로 무언가를 자를 때는	ㅂ	ㄷ	

월요일

속다 vs 솎다

'속다'는 거짓이나 꾀에 넘어갔다는 뜻이에요. '솎다'는 촘촘히 있는 것을 흩트려서 성기게 한다는 뜻이지요.

상추 씨를 너무 많이 뿌렸나 봐.
상추 잎이 너무 빽빽하게 자랐네.
아래에 있는 이파리는 햇볕을 못 받아서 그런지 시들시들하다.
솎아주기를 해야겠어.
솎아주기?
꺅! 애벌레가 상추를 먹고 있네!
응. 시들한 잎을 뽑아서 튼튼한 잎에 물과 햇볕이 더 잘 가도록 하는 거야.
상추와 애벌레 색이 똑같아서 깜빡 속을 뻔했다!

표현력 속다 vs 솎다 어떻게 쓰일까요?

(1) 오빠의 거짓말에 **속다.**

(2) 촘촘하게 난 새싹을 **솎다.**

어휘력 둘 중 알맞은 말에 O 하세요.

(1) 마술사의 마술에 깜빡 (속았다. / 솎았다.)

(2) 나는 머리숱이 많아서 미용실에 갈 때마다 (속아 낸다. / 솎아 낸다.)

독해력 설명을 읽고 보호색의 예를 찾아 보세요.

'보호색'이란, 다른 동물의 공격을 피하고 자신의 몸을 보호하기 위해 몸의 색깔이 주위와 비슷하게 되어 있는 상태를 말해요. 적의 눈을 속여 살아남는 동물들의 지혜이지요. 풀에 사는 메뚜기 몸의 색이 초록색인 것이 보호색의 예랍니다.

③ 

화요일

시키다 vs 식히다

'시키다'는 어떤 일이나 행동을 하게 한다는 뜻이에요. 음식을 주문한다는 뜻도 있지요. '식히다'는 더운 기운을 없애 차갑게 한다, 열정을 줄어들게 한다는 뜻이에요.

오늘따라 떡볶이가 더 맛있당~.
헤헤, 나는 하루 중에 군것질하는 시간이 제일 행복해!
요 통통한 어묵 좀 봐!

야, 좀 천천히 먹어!
힝. 더 시켜야겠다! 유자가 다 먹어 버려서 나는 한 개도 못 먹었어.

유자 너, 이번에는 한 개만 먹어!

으악! 뜨거워! 입안이 다 데었네!

어휴 저 뜨거운 걸 식히지도 않고!
와하하! 유자는 이제 그만 먹어야겠다!

이 정도의 아픔이 어묵을 향한 나의 열정을 식힐 순 없지!

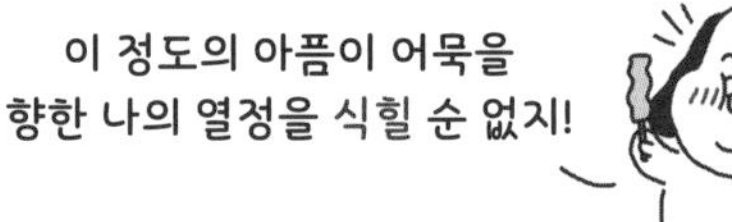

 표현력

시키다 vs 식히다 어떻게 쓰일까요?

(1) 동생에게 심부름을 **시키다.**

(2) 선풍기 앞에서 더위를 **식히다.**

 어휘력

밑줄 친 말과 비슷한 말에 O 하세요.

(1) 저녁에 자장면을 시킬까?

= 저녁에 자장면을 (주문할까? / 다듬을까?)

(2) 끓인 물을 냉장고에 넣어 식히다.

= 끓인 물을 냉장고에 넣어 (데우다. / 차갑게 하다.)

 독해력

광고지를 보고 O에 들어갈 말을 고르세요.

꼬꼬닭 연말 감사 이벤트
치킨 ○○○ 감자튀김과 콜라 받자!

12월 한 달 동안 꼬꼬닭에서
치킨을 주문하시면
감자튀김과 콜라를 드립니다.

① 시키고 ② 식히고 ③ 삭히고

수요일

어떡해 vs 어떻게

'어떡해'는 '어떻게 해'의 줄임말로, 당황하거나 어찌할 줄 모르는 상황을 나타낼 때 써요. 주로 문장의 맨 끝에 오지요. '어떻게'는 방법이나 방식을 물을 때 쓰여요.

라미야! 일어나!
9시야.
으응?
9시?

으악! 어떡해!
완전 늦었다!

근데 보리 너는
왜 학교 안 갔어?
너도 늦잠 잤어?

라미야, 정신 차려!
지금 밤 9시야!

맞춤법 공부 어떻게 하는지
알려 준다고 해서 왔더니
실컷 잠만 자 놓고! 웬 엉뚱한 소리야?
아… 하하하하.
미, 미안.

표현력

어떡해 vs 어떻게 어떻게 쓰일까요?

(1) 공책을 사물함에 두고 왔는데 **어떡해**?

(2) 박물관까지 **어떻게** 가야 하나요?

어휘력

둘 중 알맞은 말에 O 하세요.

(1) 병아리는 (어떡해 / 어떻게) 닭이 될까?

(2) 그릇이 깨졌는데 (어떡하지? / 어떻하지?)

독해력

대화를 읽고 O 안에 들어갈 말을 고르세요.

으뜸아, 나 이따가 너희 집에 못 갈 것 같아.

야, 갑자기 약속을 취소하면 OOO?

우리 집 고양이가 갑자기 아파서 병원에 가 봐야 해. 미안.

그렇구나. 알겠어. 고양이 잘 돌보고 다음에 놀러 와.

응. 이해해 줘서 고마워.

① 어떡해 ② 어떻해 ③ 어떻게

목요일

이따가 vs 있다가

'이따가'는 '조금 지난 뒤에'라는 뜻이에요. '있다가'는 '어느 곳에서 떠나지 않고 머물다'라는 뜻이지요.

가위, 바위, 보!

와! 내가 이겼다!
꺄~~~!!

아! 깜빡했다! 엄마가 도서관에서 책 빌려 오라고 하셨는데!

안 돼! 더 놀자. 10분만 더 있다가 가~

금방 갔다 올게! 너네끼리 놀고 있어~

칫, 세 명은 있어야 잡기놀이 할 수 있단 말이야.
유자 너 나를 너무 좋아하는 거 아니야?

헉. 야 빨리 갔다가 와서 이따가 또 놀자!

표현력 이따가 vs 있다가 어떻게 쓰일까요?

(1) **이따가** 밥 먹으러 가자.

(2) 문구점에 **있다가** 편의점에 갔다.

어휘력 다음 문장에서 맞춤법이 틀린 부분에 O 하고, 바르게 고쳐 쓰세요.

(1) 내가 있다가 전화할게.

(2) 여기에 조금 더 이따가 가자.

독해력 대화를 읽고 O 안에 들어갈 말을 고르세요.

나은아, 뭐 해?

집에서 숙제하고 있어.

우리 ○○○ 놀이터에서 같이 놀자!

그래. 이따 3시에 만나!

응. 날씨 추우니까 옷 따뜻하게 입고 와.

① 있다가 ② 이따가 ③ 있따가

조리다 vs 졸이다

'조리다'는 양념한 고기나 생선, 채소 등에 양념이 배어들게 한다는 말이에요. '졸이다'는 속을 태우다시피 초조하고 불안해 한다는 말이지요.

준비~
아, 떨려.
두근
두근
두근
땅!
우다다다!
올~ 유자 1등! 축하해!
하하하! 고마워!
킁킁! 얘들아, 그런데 어디서 고기 조리는 냄새가 나지 않니?
맞다! 오늘 급식 고기 조림이었는데!
아까 출발선에 서 있을 때 얼마나 마음을 졸였나 몰라!
뛰었더니 배고프다! 얼른 가자~!

표현력

조리다 vs 졸이다 어떻게 쓰일까요?

(1) 생선을 양념에 **조리다.**

(2) 시험 결과를 기다리며 마음을 **졸이다.**

어휘력

이어질 말을 찾아 줄로 이으세요.

영화에 무서운 장면이 나와서 가슴을 •	• 졸였다.
멸치와 고추를 간장에 •	• 조렸다.

독해력

친구들이 설명하고 있는 음식은 무엇일까요?

- 은아: 과일을 아주 작게 잘라서 설탕을 듬뿍 넣고 불에 조린 음식이야.
- 이든: 나는 딸기로 만든 이것을 좋아해.
- 아인: 식빵에 발라서 먹으면 정말 맛있어!

① 김치 ② 잼 ③ 버터

쓰기 능력 키우기

선을 따라 글자를 쓰면서 배운 내용을 익히세요.

친구의 거짓말에 | 속 | 다 | . |

빽빽하게 난 새싹을 | 솎 | 다 | . |

심부름을 | 시 | 키 | 다 | . |

뜨거운 국물을 | 식 | 히 | 다 | . |

오늘도 오지 않으면 | 어 | 떡 | 해 | ? |

요즘 | 어 | 떻 | 게 | 지내니?

| 이 | 따 | 가 | 이야기하자.

지금까지 집에 | 있 | 다 | 가 | 나왔다.

감자를 간장에 | 조 | 리 | 다 | . |

시험을 앞두고 가슴을 | 졸 | 이 | 다 | . |

쉬어 가는 페이지

어휘력이 쑥쑥 자라는 낱말 퍼즐

	① 졸			
			③ ② 시	
①				
		②		

가로 열쇠

① 거짓이나 꾀에 넘어갔다.

(예) 누나의 말에 또 ○○.

② 어느 곳에서 떠나지 않고 머물다.

(예) 학교에 ○○○ 왔다.

③ 시간의 어느 한 지점

(예) 열차의 출발 ○○은 오전 10시이다.

세로 열쇠

① 속을 태우다시피 초조하고 불안해 한다.

(예) 마음을 ○○○.

② 어떤 일이나 행동을 하게 하다.

(예) 심부름을 ○○○.

월요일

깨끗이 vs 깨끗히

'사물을 더럽지 않게 하다', '가지런히 잘 정돈되어 말끔하게 하다'라는 뜻을 가지는 말은 '깨끗이'라고 써요.

어떤 상태를 꾸며 주는 말에 대해 알아봅시다.
솔직히(o) 솔직이(×)
헛되히(×) 헛되이(o)
깨끗히(×) 깨끗이(o)
뒤에 '-하다'가 붙었을 때 자연스러운 경우에는 '히'로, '-다'가 붙었을 때 자연스러운 경우에는 '이'로 쓰면 돼요.
아아~ '솔직하다'는 자연스럽고, '솔직다'는 어색하니까 '솔직히'라고 쓰는구나!
선생님, 그런데 '깨끗하다'는 왜 '깨끗히'가 아니라 '깨끗이'인가요?!
좋은 질문이에요. '깨끗이'는 예외인 경우랍니다.
'깨끗'처럼 끝에 받침으로 시옷(ㅅ)이 오면 '이'를 붙여요.
선생님, 선생님!
여기 잘못 쓴 문장이 있어요! '깨끗이'로 고쳐야 합니다!
교실을 깨끗히 치웁니다.
오올~~!

표현력

-이 vs -히 어떻게 쓰일까요?

(1) 계산이 맞는지 꼼꼼**히** 따져 보았다.

(2) 집에 돌아오면 손을 깨끗**이** 씻는다.

어휘력

다음 문장에서 맞춤법이 틀린 부분에 O 하고, 바르게 고쳐 쓰세요.

(1) 교실의 책상 줄을 반듯히 맞추었다.

(2) 받아쓰기 시험을 보기 위해 맞춤법 공부를 열심이 했다.

독해력

글을 읽고 오늘 내가 겪은 일을 나타낸 그림에 O 하세요.

긴 장마가 끝나고 오랜만에 날씨가 맑은 일요일이에요. 우리 가족은 간편히 옷을 입고 뒷산으로 산책을 갔지요. 하늘은 푸르고, 멀리 있는 산도 뚜렷이 보였어요.
나는 산에 오르면서 새가 지저귀는 소리와 물이 흐르는 소리를 가만히 들어 보았어요.

① 

②  

③  

화요일

꼽다 vs 꽂다

'꼽다'는 수를 세려고 손가락을 하나씩 헤아린다, 어떤 것을 골라 지목한다는 뜻이에요. '꽂다'는 쓰러지지 않게 박아 넣거나 세운다는 뜻이지요. 그러므로 '책을 꽂다'가 맞는 표현이에요.

얘들아, 드디어 내일이다!
???
독서왕 선발대회 말이야. 내가 얼마나 손꼽아 기다렸는데!
이야, 라미 너 책 많이 읽었나 보구나?
그럼! 한 달 동안 열 권도 넘게 읽었는걸? 여기 다~아 내가 읽은 책들이야.
올~ 다독상은 라미가 받겠다!
야, 읽은 책은 책장에 꽂아야지! 어지르면 어떡해?
유자 말이 맞아. 라미가 책 정리는 꽝이네!

표현력 꼽다 vs 꽂다 어떻게 쓰일까요?

(1) 외국인들이 비빔밥을 최고의 한국 음식으로 손**꼽다**.

(2) 엄마가 꽃병에 장미꽃을 **꽂다**.

어휘력 밑줄 친 말과 반대의 의미를 가진 말에 O 하세요.

(1) 다섯 손가락을 꼽다. ↔ 다섯 손가락을 (펴다. / 눕다.)

(2) 선풍기의 코드를 꽂다. ↔ 선풍기의 코드를 (열다. / 뽑다.)

독해력 O 안에 들어갈 말은 무엇일까요?

도서관 이용 시 주의 사항

1. 도서관 안에는 음식물을 가지고 올 수 없습니다.
2. 다른 사람의 독서에 방해되지 않도록 조용히 대화합시다.
3. 책을 소중히 다루고, 읽은 책은 제자리에 OO 두세요.

① 꼽아　　② 꽂아　　③ 꽃아

수요일

담다 vs 담그다

'담다'는 '물건을 그릇 따위에 넣다, 내용이나 생각을 글, 그림 등에 반영하다'라는 뜻이에요. '담그다'는 '김치, 술, 장, 젓갈 등을 만든다' 또는 '액체 속에 넣다'라는 뜻이지요. 그러므로 김치를 만들 때는 '김치를 담그다'라고 써야 해요.

얘들아,
이거 먹어 봐!
와, 김치랑
고기네?

고기 위에 이렇게 김치를 얹어서 먹어.
정말 맛있다!
어디서 난 거야?

어제 김장을 했거든.
엄마, 아빠, 고모, 고모부, 할머니
다 같이 모여 김치를 담그셨어.

다 담근 김치를 커다란 통에
담았는데 20통도 넘더라고.

와, 대단하다.
유자 너도
도왔지?

음, 나는 옆에서
열심히 먹었는데…
으이그!

표현력 담다 vs 담그다 어떻게 쓰일까요?

(1) 쌀통에 쌀을 **담다.**

(2) 집에서 된장을 **담그다.**

어휘력 밑줄 친 말과 비슷한 말에 O 하세요.

(1) 편지에 마음을 **담다.** = 편지에 마음을 (표현하다. / 끓이다.)

(2) 빨래를 물에 **담가** 두다. = 빨래를 물에 (넣어 / 빼) 두다.

독해력 맞춤법에 맞게 말한 친구 두 명을 찾아 보세요.

- 하영: 숲속의 아름다운 풍경을 눈에 담아 가야지.
- 준희: 시원한 계곡물에 발을 담그고 도시락을 먹자.
- 유근: 우리 집에서 직접 담은 된장으로 만든 된장찌개를 싸 왔어.

① 하영, 유근

② 하영, 준희

③ 준희, 유근

목요일

몇 일 vs 며칠

'몇 일'이라는 말은 국어에 없답니다. 그 달의 몇째 되는 날, 몇날 모두 '며칠'이라고 써요.

아, 눈부셔!

보리야!
이게 며칠 만이야!?
너,
괜찮은 거지?

아아, 어지러워!
얘들아 오늘이
8월 몇 일이지?
5일이야.
너 5일 만에
집 밖에
나온 거라고.

여름 감기가
더 독하다더니,
5일 내내
누워 있었지 뭐야?

그런데 아무리 아파도
맞춤법은 맞게 말해야지.
'몇 일'은 국어에
없는 말이라고.
'며칠' 기억해!

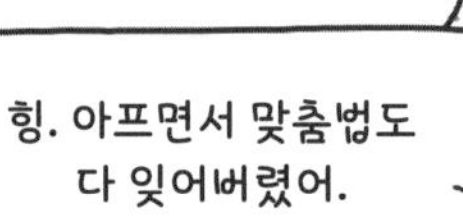
얼마나
걱정했는지 알아?
감기가 다 나아서
정말 다행이다.

힝. 아프면서 맞춤법도
다 잊어버렸어.

표현력 며칠 어떻게 쓰일까요?

(1) 이 일을 다 하려면 **며칠** 더 걸릴 것 같아.

(2) 소풍 가는 날이 몇 월 **며칠**이었지?

어휘력 맞춤법에 맞게 쓴 문장에 O, 틀리게 쓴 문장에 X 하세요.

(1) 며칠 동안 같은 꿈을 꾸었다. (　　)

(2) 오늘이 몇 일이지? (　　)

독해력 대화를 읽고 O 안에 들어갈 말을 고르세요.

하리야, 내일 받아쓰기 시험 범위가 어디까지였지?

○○ 전에 선생님이 알려 주셨는데 기억이 안 나네.

국어 교과서 30쪽까지야.

그렇구나. 고마워!

① 며칠　　② 몇 일　　③ 몇칠

금요일

반드시 vs 반듯이

'반드시'는 틀림없이, 꼭이라는 뜻이에요. '반듯이'는 '생각이나 행동이 비뚤어지지 않고 바르게'라는 뜻이지요. '바른 자세로 앉다'라는 뜻으로 쓸 때는 '반듯이'라고 써야 맞아요.

8시 30분~9시는
아침 독서 시간
의자에 반듯이 앉아
책을 읽읍시다.

야, 너 왜 일어났어? 얼른 앉아~!
다른 책 가져와야지.

이 책 다 읽어서 다른 책 가져오려고.
안 돼. 앉아, 앉아~!

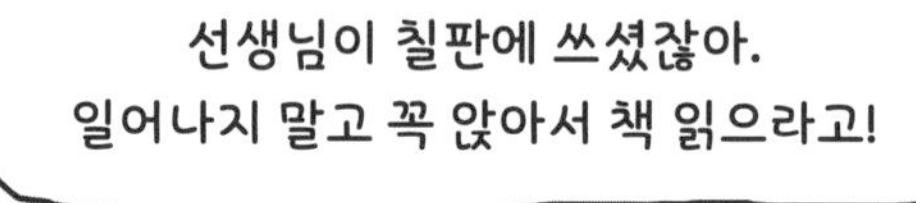
선생님이 칠판에 쓰셨잖아. 일어나지 말고 꼭 앉아서 책 읽으라고!

야, 너 왜 그래?!

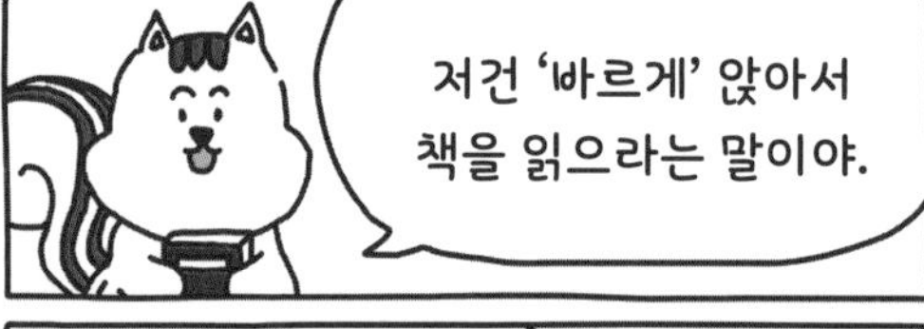
저건 '바르게' 앉아서 책을 읽으라는 말이야.
큭큭, '반드시'랑 헷갈렸나 봐~!

표현력 반드시 vs 반듯이 어떻게 쓰일까요?

(1) 약속은 **반드시** 지켜야 한다.

(2) 옷을 **반듯이** 개어 옷장에 넣다.

어휘력 밑줄 친 말과 비슷한 말에 O 하세요.

(1) 이번 시험에서 **반드시** 100점을 맞겠다.

= 이번 시험에서 (기필코 / 억지로) 100점을 맞겠다.

(2) 의자에 **반듯이** 앉는 습관이 중요하다.

= 의자에 (편하게 / 바르게) 앉는 습관이 중요하다.

독해력 선생님과 친구들은 무엇에 대해 이야기하고 있나요?

- 선생님: 각자 여름 방학 목표를 발표해 볼까요?
- 우민: 저는 글씨를 반듯이 쓰는 습관을 들일 거예요.
- 재승: 저는 반듯한 자세로 매일 30분씩 걷기 운동을 할 거예요.
- 소담: 저는 1학기 수학 시간에 배운 내용을 복습할 거예요.
- 선생님: 좋아요. 모두 목표를 반드시 지켜서 뜻깊은 방학을 보냅시다.

① 생일 파티 ② 여행 계획 ③ 여름 방학 목표

쓰기 능력 키우기

선을 따라 글자를 쓰면서 배운 내용을 익히세요.

손을 깨끗이 씻다.

차를 타고 편안히 집에 왔다.

관광객들이 경복궁을 최고의 장소로 손 꼽다.

산 정상에 태극기를 꽂다.

상자에 물건을 담다.

오징어로 젓갈을 담그다.

네 생일은 몇 월 며칠이니?

며칠 간 계속 비가 내렸다.

운동 경기를 할 때는 규칙을 반드시 지킨다.

침대에 반듯이 누워서 잠을 자다.

쉬어 가는 페이지

맞춤법 공부하는 미로 찾기

꿀벌이 집을 찾고 있어요.
맞춤법에 맞게 쓴 문장을 따라가면 집을 찾을 수 있대요.

	수정이가 몇 일째 학교에 나오지 않는다.	내 생일을 손을 꽂아가며 기다리다.
자를 대고 선을 반듯이 그리다.	양말을 깨끗히 빨았다.	오늘이 몇 월 몇 일이지?
머리에 핀을 꽂다.	약속은 반듯이 지켜야 한다.	도서관에서는 조용이 해야 한다.
배추김치를 담그다.	편지에 내 마음을 담다.	

월요일

봉오리 vs 봉우리

'봉오리'는 망울만 맺히고 아직 피지 않은 꽃을 말해요. '봉우리'는 산에서 뾰족하게 높이 솟은 부분을 말하지요. 그러니까 '꽃봉오리'가 맞는 표현이에요.

와아, 이 봉우리 좀 봐! 정말 예쁘다!
어디, 어디?

봉우리가 어디 있어? 나는 안 보이는데?
얘가 왜 이래? 여기 있잖아!

벚꽃봉우리!

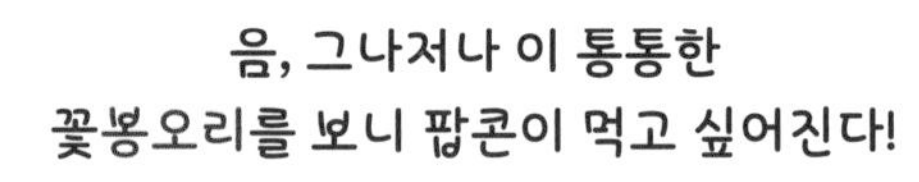
음, 그나저나 이 통통한 꽃봉오리를 보니 팝콘이 먹고 싶어진다!

뭐야~ 그건 봉우리가 아니라, 봉오리잖아!
라미 말이 맞아. 봉우리는 산의 뾰족한 부분을 말해.

와, 정말 팝콘처럼 생겼네!

표현력 봉오리 vs 봉우리 어떻게 쓰일까요?

(1) 산의 제일 높은 **봉우리**에 오르다.

(2) 봄이 되니 꽃**봉오리**가 맺힌다.

어휘력 둘 중 알맞은 말에 O 하세요.

(1) 한라산 (봉우리 / 봉오리)에 눈이 쌓여 있다.

(2) 진달래나무에 터질 듯한 (봉우리 / 봉오리)가 맺혀 있다.

독해력 기사를 읽고 O에 들어갈 말을 고르세요.

벚꽃이 한창 ○○○를 터뜨리고 있습니다. 전국 대부분 지역에서 이번 주말 벚꽃이 절정을 이룰 것으로 예상됩니다. 4월 3일에는 여의도 벚꽃 축제가 시작되는 등 전국 각지에서 봄꽃 축제도 시작됩니다.

① 봉오리

② 봉우리

③ 망우리

화요일 부치다 vs 붙이다

'부치다'는 편지나 물건을 상대에게 보낸다는 뜻이에요. 모자라거나 미치지 못하다는 뜻도 있지요. '붙이다'는 맞닿아 떨어지지 않게 한다는 뜻이에요. 그러므로 '편지를 보내다'라는 의미를 가지는 말은 '부치다'예요.

아이 참, 이걸 어디에 붙이지?

유자야, 뭐 해?
이 편지를 어디 붙일까 고민하고 있었어. 엄마 심부름인데 붙일 장소를 안 알려 주신 거 있지?

붙이라고 하신 게 맞아? 부치라고 하신 거 아니고?

부치다? 붙이다?

그래~ 우체국에 가서 편지를 부치라고 하신 것 같은데?
그런가? 엄마께 다시 여쭤봐야겠다.
머쓱

표현력

부치다 vs 붙이다 어떻게 쓰일까요?

(1) 새로 시작한 일이 힘에 **부치다.**

(2) 도화지에 풀로 색종이를 **붙이다.**

어휘력

이어질 말을 찾아 줄로 이으세요.

생일 선물을 택배로 •	• 붙이다.
가방에 멋진 스티커를 •	• 부치다.

독해력

글을 읽고 맞는 말에 O, 틀린 말에 X 하세요.

편지를 부치기 위해서는 우표가 필요해요. 우표는 우편 요금을 냈다는 뜻이므로, 편지 봉투 겉면에 꼭 붙여야 하지요. 우편 요금은 거리에 따라 달라요. 그래서 거리가 먼 외국에 편지를 보낼 때는 우표를 여러 장 붙이기도 해요.

(1) 편지를 부칠 때 우표가 필요해요. (　　)

(2) 우표는 딱 한 장만 붙일 수 있어요. (　　)

수요일

설거지 vs 설겆이

음식을 먹고 난 뒤 그릇을 씻어 정리하는 일을 '설거지'라고 해요. '설겆이'는 국어사전에 없는 틀린 말이랍니다.

얘들아, 오늘 어버이날인데 다들 부모님 선물 준비했어?
나는 카네이션 한 송이 샀지!
나는 용돈을 다 써서…

에헴! 나는 이런 걸 만들었지롱!

효도 쿠폰
설겆이 1회

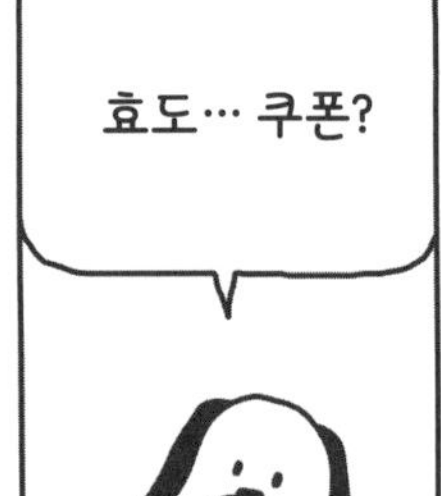
효도… 쿠폰?

응. 내가 집안일을 대신하는 쿠폰이지~ 청소, 설겆이, 빨래 개기, 심부름…

보리야, 그런데 이거 '설겆이'가 아니고 '설거지'라고 써야 돼.

엥? 얼른 고쳐야겠다!
효도 쿠폰
설겆이 1회
설거지

표현력

설거지 어떻게 쓰일까요?

(1) 밥을 먹고 난 뒤에 바로 **설거지**를 하다.

(2) 우리 집의 **설거지** 담당은 아빠이다.

어휘력

다음 문장에서 맞춤법이 틀린 부분에 O 하고, 바르게 고쳐 쓰세요.

(1) 식사를 한 뒤 그릇을 씻는 일은 소리 나는 대로 '설겆이'라고 적어요.

(2) 잔칫집의 부엌에 설겆이 할 그릇이 가득하다.

독해력

그림을 보고 맞춤법에 맞게 말한 친구를 찾으세요.

① 시율: 아이들이 할머니를 돕고 있어.

② 건희: 아빠가 설거지한 접시를 아이들이 정리해.

③ 재아: 엄마 혼자 설겆이를 하시는 모습이 힘들어 보여.

목요일

새배 vs 세배

'새배'는 국어에 없는 말이에요. 설날이나 새해 첫날에 웃어른께 인사로 하는 절은 '세배'라고 쓰지요.

올해 설날은 화요일이네!
2월
화요일
수
10일 설날 새배하는 날
11일
17일
18일

그런데 달력에 이건 누가 쓴 거야?

나! 기억해 뒀다가 어른들께 새배하고 새뱃돈 받으려고~ 히히!

새배가 아니라 세배라고 써야지!
어휴, 세뱃돈 받을 생각만 하지 말고 맞춤법 공부부터 하는 게 어때?

아이 참. 나는 새해에 하는 인사니까 '새배'라고 쓰는 줄 알았지.

이번 기회에 기억해. 설날 웃어른께 하는 인사는 '세배'!

표현력 세배 어떻게 쓰일까요?

(1) 설날 친척 어른들께 **세배**를 하다.

(2) 할머니께 세배를 했더니 **세뱃**돈을 주셨다.

어휘력 둘 중 알맞은 말에 O 하세요.

(1) 설날 아침에 (새배 / 세배)를 하다.

(2) (새배 / 세배)는 우리나라의 전통문화이다.

독해력 글에서 이야기하는 상황을 표현한 그림을 찾아 보세요.

세배는 아랫사람이 윗사람에게 새해 아침에 인사를 하는 것입니다.
인사를 받은 어른은 덕담과 함께 세뱃돈을 주시기도 합니다.

②

③

금요일

숫가락·젓가락 vs 숟가락·젓가락

'젓가락'의 시옷(ㅅ) 받침 때문에 헷갈리는 경우가 많은데 '숫가락'은 국어 사전에 없는 말입니다. '숟가락'이라고 써야 맞아요.

엄마, 내일 챙겨 갈 준비물이에요.
어디 보자~.

새 학기 준비물.
개인 숫가락, 젓가락.
개인 물통.
실내화.
새 학기라 준비할 것이 많네.

그런데 라미야, 여기 맞춤법이 틀린 글자가 있는데?

어어? 어디가 틀렸지~?!

'숫가락'이 아니라 '숟가락'이라고 써야 해. 젓가락은 시옷 받침이지만 숟가락은 디귿 받침을 쓴단다.
아하, 그렇구나! 잘 기억해 둘게요!

표현력

숟가락, 젓가락 어떻게 쓰일까요?

(1) **젓가락**으로 콩자반을 집었다.

(2) 입맛이 없어서 밥을 한 **숟가락** 겨우 먹었다.

어휘력

다음 문장에서 맞춤법이 틀린 부분에 O 하고, 바르게 고쳐 쓰세요.

(1) 나는 젖가락질을 잘하지 못한다.

(2) 숫가락으로 밥을 뜨다.

독해력

글을 읽고 맞는 말에 O, 틀린 말에 X 하세요.

할머니께서 숟가락을 드시기 전에 동생과 나는 먼저 밥을 먹기 시작했어요. 내가 젓가락으로 반찬을 집어 입에 넣는데 아빠가 말씀하셨지요.
"어른이 수저를 들기 전에 아랫사람이 먼저 음식에 손을 대는 것은 예의 바른 행동이 아니란다."

(1) 아이들이 할머니보다 먼저 밥을 먹었어요. (　　)

(2) 동생보다 먼저 음식에 손을 대는 것은 예의에 어긋나는 행동이에요. (　　)

쓰기 능력 키우기

선을 따라 글자를 쓰면서 배운 내용을 익히세요.

꽃 | 봉 | 오 | 리 | 가 맺혔다.

산 | 봉 | 우 | 리 | 에 올랐다.

친구에게 쓴 편지를 | 부 | 치 | 다 | .

상처에 반창고를 | 붙 | 이 | 다 | .

저녁밥을 먹고 | 설 | 거 | 지 | 를 하다.

| 세 | 배 | 를 하고 어른들께 덕담을 들었다.

우리나라 사람들은 음식을 먹을 때

| 숟 | 가 | 락 | 과 | 젓 | 가 | 락 | 을 사용한다.

쉬어 가는 페이지

맞춤법 익히는 초성 퀴즈

초성을 보고 맞춤법에 맞게 빈칸을 채우세요.

망울만 맺히고 아직 피지 않은 꽃 | ㅂ | ㅇ | 리 |

산에서 뾰족하게 높이 솟은 부분 | ㅂ | ㅇ | ㄹ |

편지나 물건을 상대에게 | ㅂ | ㅊ | ㄷ |

맞닿아 떨어지지 않게 | ㅂ | ㅇ | ㄷ |

음식을 먹고 난 뒤 그릇을 씻어 정리하는 일 | ㅅ | ㄱ | ㅈ |

설날이나 새해 첫날에 웃어른께 인사로 하는 절 | ㅅ | ㅂ |

우리나라 사람들이 옛날부터 음식을 먹을 때 써 온 도구

| ㅅ | ㄱ | ㄹ | 과 | ㅈ | ㄱ | ㄹ |

월요일

왠지 vs 웬지

'왠지'는 '왜인지 모르게'의 줄임말로, '뚜렷한 이유 없이'라는 뜻이에요. '웬'은 '어찌 된, 어떠한'이라는 뜻이고요. '웬지'는 사용하지 않는 틀린 말이지요.

영어 단어 시험 준비 잘했어?
난 겨우 네 개 외웠어.
단어들이 다 어렵더라.

룰루루~
시험 보는 날인데 보리는 기분이 좋네?
공부 열심히 했나 봐!

공부는 안 했지만…
왠지 그냥 시험을 잘 볼 것만 같은 느낌적인 느낌이랄까?

그게 뭔 소리야?

으아아아아.
하나도 모르겠어.
쯧쯧.
공부를 안 했으니 당연히 아는 문제가 없지!
으이구~

표현력 왠 vs 웬 어떻게 쓰일까요?

(1) 오늘은 **왠지** 좋은 일이 생길 것 같다.

(2) 거리에 **웬** 사람이 이렇게 많아?

어휘력 둘 중 알맞은 말에 O 하세요.

(1) 성진이가 오늘따라 (왠지 / 웬지) 멋있어 보인다.

(2) (왠 / 웬) 걱정을 그렇게 하니?

독해력 O 안에 공통으로 들어갈 말은 무엇일까요?

'O 떡이냐?'라는 관용구는 뜻밖의 행운이나 횡재를 만났을 때 쓰는 말이에요. 어찌 된 영문인지 모른 채 맛있는 떡을 손에 쥐게 된다면 기분이 참 좋겠죠? 이렇게 전혀 기대하지 않았던 좋은 일이 생겼을 때 'O 떡이냐?'라는 말을 써요.

① 왠 ② 웬 ③ 윈

화요일

이 vs 이빨

'이'는 입안에서 무엇을 물거나 음식물을 씹는 역할을 하는 신체 기관이에요. '이빨'은 '이'를 낮잡아 이르는 말로 사람보다는 동물에게 더 많이 쓰이지요.

얘들아, 이거 봐!
육식 공룡의 이빨은
정말 크다.
공룡과 사람의
송곳니 비교 체험
공룡의 이빨
사람의 이
저 큰 이빨로
동물들을
막 잡아먹었겠지?
옆에 있는
사람의 이 좀 봐.
정말 작아.
사람이 공룡이랑
같은 시대에
살았다면 상대도
안 됐겠는걸?
그런데 이상하다.
왜 공룡은 '이빨'이고
사람은 '이'라고 쓴 거지?
뭐가 다른가?

같은 말이지만 쓰임이 달라.
사람은 '이'
동물은 '이빨'이라고 쓰지!
그렇구나~
라미 덕분에
하나 더 배웠네!

표현력 **이 vs 이빨 어떻게 쓰일까요?**

(1) **이**가 아파 치과에 갔다.

(2) 호랑이가 날카로운 **이빨**을 드러냈다.

어휘력 **이어질 말을 찾아 줄로 이으세요.**

잠자기 전에 •	• 이빨이다.
상아는 코끼리의 •	• 이를 닦는다.

독해력 **O 안에 공통으로 들어갈 말은 무엇일까요?**

'○를 악물다'라는 관용구는 무척 어렵거나 힘든 상황을 꾹 참고 견딘다는 뜻이에요. '고통을 참느라 ○를 악물다.'처럼 쓰이지요. '악물다'는 힘주어 윗니와 아랫니를 꼭 마주 무는 모습을 표현한 말이에요.

① 이　　② 귀　　③ 발

수요일

이파리 vs 잎파리

나무나 풀의 살아 있는 낱 잎을 뜻하는 말은 '이파리'예요. '잎파리'는 사전에 없는 틀린 말입니다.

쌍떡잎식물과 외떡잎식물에 대해 조사해야 하는데…
뭐가 다른 걸까? 너무 어렵다~.

씨앗에서 이파리가 돋을 때, 잎 두 장이 마주 나면 쌍떡잎식물이야.

그럼 강낭콩은 이파리가 두 장이니까 쌍떡잎식물이네!

그럼 이 강아지풀은 외떡잎식물이구나!

그리고 씨앗에서 이파리가 한 장만 나오면 외떡잎식물이지.

야호! 과학왕 유자 덕분에 숙제를 금방 해치웠네! 이제 놀이터 가서 놀자~.

표현력 **이파리 어떻게 쓰일까요?**

(1) 비가 오지 않아 나무의 **이파리**가 누렇게 변했다.

(2) 달팽이는 무 **이파리**를 먹는다.

어휘력 **밑줄 친 말과 비슷한 말에 O 하세요.**

(1) 푸른 **이파리**가 싱그럽다.

= 푸른 (잎사귀 / 뿌리)가 싱그럽다.

(2) 나는 배추의 **이파리** 부분을 좋아한다.

= 나는 배추의 (줄기 / 잎) 부분을 좋아한다.

독해력 **친구들이 설명하고 있는 식물은 무엇일까요?**

- 시우: 이 식물의 이파리는 둥글고 넓적한 모양이야.
- 우주: 나는 부처님 오신 날 절에서 이 식물을 봤어.
- 다미: 연못에 떠서 사는 식물이고, 꽃은 붉은색 또는 흰색이야.

① 

② 

③ 

목요일 채 vs 째

'채'는 있던 상태 그대로 있다는 뜻이에요. '째'는 그대로 또는 전부를 뜻하는 말이지요. 그러니까 이 경우에는 '껍질째'라고 써야 해요.

야야, 사과를 껍질도 안 깎고 먹으면 어떡해?
바보야! 사과는 껍질째 먹어도 되는 과일이야!
우리 엄마가 그러시는데, 사과는 껍질에도 영양소가 많대.
오오~ 그래?
윽, 수박은 너무 딱딱하네!
수박을 자르지도 않은 채로 먹으면 어떻게 해!
왜에~ 껍질에 영양소가 많다며!
그건 과일마다 다르지!
수박은 통째로 먹는 과일이 아니라고!

표현력 **짜 vs 채 어떻게 쓰일까요?**

(1) 멸치는 뼈**째** 먹는 생선이다.

(2) 벽에 기댄 **채** 잠이 들었다.

어휘력 **이어질 말을 찾아 줄로 이으세요.**

자장면이 얼마나 맛있었는지 •	• 숙인 채 작은 소리로 답했다.
나는 부끄러워서 고개를 •	• 그릇째 다 먹을 기세였다.

독해력 **글을 읽고 맞는 말에 O, 틀린 말에 X 하세요.**

안심하고 껍질째 먹는 사과

- 껍질의 영양분까지 섭취할 수 있습니다.
- 공기 좋고 물 맑은 사과의 고장 문경에서 재배했습니다.
- 사과를 깨끗이 닦은 뒤 개별 포장하여 위생적입니다.
- 시원하고 바람이 잘 통하는 곳에 보관하세요.

(1) 이 사과는 문경에서 재배했어요. (　　)

(2) 온도가 높은 곳에 보관해요. (　　)

금요일

케익 vs 케이크

밀가루, 달걀, 버터, 우유, 설탕 등을 재료로 써서 오븐에 구운 빵의 한 종류는 '케이크'라고 써요. '케익'은 틀린 말이에요.

사랑하는 라미의
생일 축하합니다~.

와, 얼른 자르자~!
생크림 케이크 맛있겠다!
얘들아, 잠깐!

그런데 이거 '케익'이 아니라 '케이크'라고 써야 하는 거 아냐?
케익의 명가 달달 제과점
맞아. 외국어지만 우리말처럼 자연스럽게 쓰이는 말을 '외래어'라고 해. 케이크는 틀리기 쉬운 외래어 중 하나지.

초콜릿, 엘리베이터, 주스, 액세서리, 소시지, 케첩 등 잘못 적기 쉬운 외래어가 많으니까 기억하자, 몽!

몽아, 공부는 다음에 하고 지금은 케이크부터 먹으면 안 될까?

표현력

케이크 어떻게 쓰일까요?

(1) 동생의 생일 **케이크**를 샀다.

(2) 빵집에 먹음직스러운 **케이크**가 많다.

어휘력

맞춤법에 맞게 쓴 문장에 O, 틀리게 쓴 문장에 X 하세요.

(1) 간식으로 딸기 케익과 오렌지 쥬스를 먹었다. ( )

(2) 할머니와 함께 케이크를 구웠다. ( )

독해력

맞춤법에 맞게 말한 친구 두 명을 찾으세요.

주원: 초콜릿 케익은 내가 제일 좋아하는 음식이야.
로운: 엘리베이터를 타고 전망대에 올라갔어.
미지: 소시지를 케첩에 찍어 먹으면 참 맛있어.
연우: 우리 이모는 목걸이, 귀걸이 같은 악세사리를 좋아해.

① 주원, 연우

② 연우, 로운

③ 로운, 미지

쓰기 능력 키우기

선을 따라 글자를 쓰면서 배운 내용을 익히세요.

| 왠 | 지 | 불길한 예감이 든다.

네가 갑자기 | 웬 | 일 | 이니?

| 이 | 가 아프면 치과에 간다.

사자는 날카로운 | 이 | 빨 | 을 이용해 사냥을 한다.

바람이 불자 | 이 | 파 | 리 | 가 흔들렸다.

뱀이 개구리를 통 | 째 | 로 삼켰다.

물고기를 산 | 채 | 로 가져왔다.

생일 | 케 | 이 | 크 | 를 예쁘게 꾸몄다.

쉬어 가는 페이지

어휘력이 쑥쑥 자라는 낱말 퍼즐

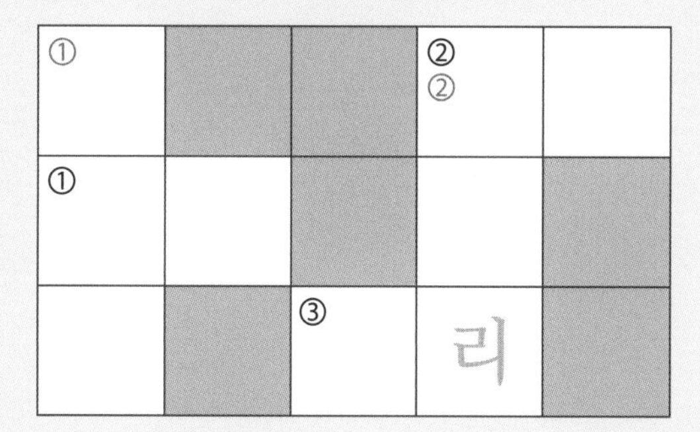

①
②
②
①
③
리

가로 열쇠

① '힘든 상황을 참고 견딘다.'는 뜻의 관용구. ○○ 악물다.

(예) 달리기를 포기하고 싶었지만 ○○ 악물고 결승선까지 뛰었다.

② '이'를 낮잡아 이르는 말. 사람보다는 동물에게 쓰인다.

(예) 상어의 ○○은 날카로워서 사람을 해칠 수도 있다.

③ 식물의 아랫부분. 보통 땅속에 박혀 수분과 양분을 빨아올린다.

(예) 강한 바람에 나무가 ○○째 뽑혔다.

세로 열쇠

① 밀가루, 달걀, 버터, 우유, 설탕 등을 재료로 써서 오븐에 구운 빵.

(예) 딸기 ○○○를 맛있게 먹었다.

② 나무나 풀의 살아 있는 낱 잎

(예) 나뭇가지에 ○○○가 무성하다.

놀면서 배우는
초등 필수 맞춤법

초판 1쇄 발행 2022년 9월 29일

감수 하유정
지은이 초등국어연구소
그린이 유희수
펴낸이 민혜영
펴낸곳 (주)카시오페아 출판사
주소 서울시 마포구 월드컵로 14길 56, 2층
전화 02-303-5580 | **팩스** 02-2179-8768
홈페이지 www.cassiopeiabook.com | **전자우편** editor@cassiopeiabook.com
출판등록 2012년 12월 27일 제2014-000277호
책임편집 최유진, 오희라 | **외주디자인** 산타클로스
편집1 최유진, 오희라 | **편집2** 이호빈, 이수민, 양다은 | **디자인** 이성희, 최예슬
마케팅 허경아, 홍수연, 이서우

ISBN 979-11-6827-072-5 63710

- 잘못된 책은 구입하신 곳에서 바꿔 드립니다.
- 책값은 뒤표지에 있습니다.